総理大臣の通訳が教える!

「マルチリンガルになるための"英語"最速マスター術」

坪田充史

合同フォレスト

はじめに

2014年、安倍晋三内閣総理大臣が日本の首相として初めてコロンビアを訪問しました。ボクの人生のトピックランキングの1位か2位になるくらいの出来事です。いまでもあのときの光景がありありと蘇ってきます。

コロンビア共和国は、日本から見ると地球の反対側、南米大陸の北部に位置し、日本との時差は14時間あります。コロンビアの産物としてはコーヒーが有名ですが、実は日本には年間約2億本ものカーネーションが輸入されています。日本とコロンビアは経済連携協定を結んでいて、親日家も多い国です。麻薬王国のようなイメージを持つ人もいるかもしれませんが、それは40年以上も前の話。最近は中南米の中でも抜群の治安の良さを誇っています。

安倍総理は大統領府でサントス大統領（当時）と首脳会談を行い、ボクはその歴史的な会談の同時通訳をさせていただきました。通訳ボックスに入っていて、安倍総理とサントス大統領のそばにいたわけではありませんが、会談の空気感は伝わってきました。

この日、大統領府前の広場で衛兵によって厳粛に行われた歓迎式典の後、安倍総理は大統領府に入り、首脳会談に臨まれました。この会談には、コロンビアの閣僚や大臣たちがずらりと並び、日本側も経団連の代表団が席に着きました。緊張の糸が張りつめます。

そのときです。開口一番、安倍総理が原稿にはないアドリブを話し始めたのです。

「コロンビアは女性の社会進出が顕著であると伺っておりましたが、5人もの大臣が女性というのはこうして間近に見てびっくりしております。それに比べて日本はご覧の通り、今回同行している人たちも全員男性です」

このユーモアあふれるコメントによって、双方から笑い声が起き、一気に場の雰囲気が温かいものに変わりました。

そして、安倍総理は続けました。

「日本は女性の社会進出を促進していく政策方針を立てているので、ぜひコロンビアから学ばせてほしいと思います」

サントス大統領はすっかり気分を良くし、その後の会見がとても和やかなものになりました。こうしたその場の空気や感情の流れのようなものをとらえることも、同時通訳するうえでは重要なことです。


現在、ボクは家族とコロンビアで暮らしながら、日本でプレジデンシャルアカデミーという語学スクールを運営し、スペイン語の通訳や翻訳などの人材を育成する仕事をしています。日本では圧倒的に英語を学ぶ人が多いですが、志半ばで挫折する人がかなりの数にのぼると聞いています。

スペイン語を教えていてふと思ったことですが、英語で挫折した人が、なぜスペイン語ならばすんなりと習得できてしまうのか？　不思議でなりませんでした。

生徒の中には英語に挫折したという人が何人もいました。駅前の英会話教室に3年通ったけどちっとも話せないし、旅行先でも使えないというのです。

「受講料をドブに捨てたようなものだ」

という人もいました。

でも、そんな人たちでも、なぜか、スペイン語ならば話せるようになるのです。通訳としてお金を稼ぐまでになった人もいます。

さらに不思議なことがあります。それは、スペイン語を習得したあと、一度挫折した英語が話せるようになったという人が現れたのです。

「スペイン語と英語の2カ国語が話せるなんて、自分でもびっくりです」

「あんなに苦しんだ英語がすんなりと話せています。驚きですよね」


なぜ、このようなことが起こるのでしょうか？

英語とスペイン語など複数の言語が話せる人のことを「マルチリンガル」といいます。日本人はきわめて少ないですが、世界ではマルチリンガルが当たり前です。たくさんいます。

多くの受講生たちを見てきて確信しました。誰でもマルチリンガルになれると……。でも日本人の多くは、最初から自分には無理だとあきらめているようなのです。

ボクは、いろんな書籍を調べたり論文を取り寄せたりして調べました。語学の先生にご教授いただいたこともあります。いろいろと研究した結果、いくつかのことが明らかになってきました。

その研究成果を公開するとともに、マルチリンガルになるための「最速マスター術」を伝授します。それが本書の目的です。

あなたもぜひ本書を手にして「マルチリンガル」になり、世界で活躍してください。

もくじ

第3章

スペイン語を学ぶべき6つの理由

第4章

ボクがスペイン語を話せるようになった6つの理由

第5章

世界で活躍できるスペイン語

第6章

スペイン語圏の生き方はこんなに楽しい

第1章

なぜ日本人は英語が話せないのか?

暗記中心になっている日本の学校教育の弊害

なぜ日本人は英語が話せないのでしょうか？

一番大きな原因は日本の学校教育にあると思います。英語の授業やテストが暗記中心で、話すことをしていないからです。

言語は、他者とコミュニケーションをはかるための道具です。しかし、日本の学校教育は試験のために英語を教えているのです。

ボクが主宰するアカデミーの生徒のうち、現役時代に英語を教えていたという元教員が数人います。なかには、校長まで勤め上げた人も。子どもたちに英語を教えていた人がボクのアカデミーに入学して、スペイン語を学んでいるのです。「英語習得の近道が実はスペイン語だった」と知って入学してきたといいます。

「長年、英語の先生をやっていましたが、恥ずかしいことに外国人の前ではひと言も話せません。私も話せるようになりたい。これからの時代、ちゃんと使える英語を身につけておかなければいけないと思うのです」

そう話す人もいます。

校長を定年退職してからボクのアカデミーに入った人は、

「これから日本に外国人がいっぱい来ますから、きちんと話せるようになりたい。人生１００年ですから、生きがいとして語学を身につけたいのです」

と話していました。ビックリですよね。

つまり、英語を現場で話せない人が学校で教えているということ。実際は借金だらけのコンサルタントからお金儲けの方法を教えてもらっているようなものです。そんな人が教えている学校でいくら成績が良くても、決して英語を話せるようにはならないでしょう。

日本の学校教育は「読む」「書く」は教えますが、「話す」ことに注力してはいないようです。実は、人間の脳の中で暗記を司る部分と話す部分は違うのです。

脳が持つ記憶容量は、一説によると17・5テラバイト（ｔｅｒａ＝兆）もあるといわれています。これは、新聞に置き換えると約5万２０００年分の朝刊ですし、ＤＶＤ

であれば約３８００枚に匹敵します。それだけの記憶容量を持っているのですから、脳にとっては数百〜数千個の英単語なんてわずかなものです。

脳は言葉を理解するところであり、効率よく言葉を作り出すところでもあります。脳の中で言語を司っているのが左脳です。その左脳の中でも言葉を発することと、言葉を理解することは別々の場所で行われています。

発話はブローカ野とよばれる部分で、言葉を理解するのはウェルニッケ野とよばれる部分で行われます（**図１－１**）。

図1-1　ブローカ野とウェルニッケ野

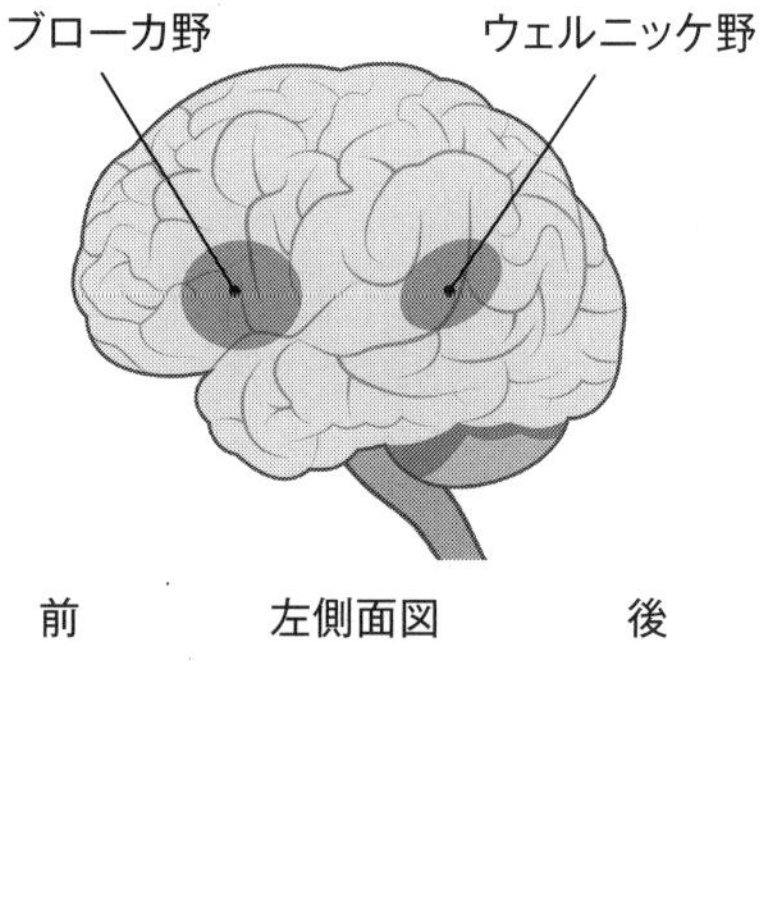

普段、ボクたちの会話は左脳の働きによって成り立っているといえます。言葉を理解する部分だけ鍛えても、「発話」、つまり話す部分の脳を鍛えていなければ、実際に

外国人と話すことはできません。

いくら膨大な数の単語を記憶していてもダメなのです。冷蔵庫の中に食材をいっぱい買い込んでいるのに、料理しないまま腐らせてしまうようなものです。これほどもったいないことはありません。

人とおしゃべりしているとき、脳はフル回転しています。人の話を聞き、内容を理解し、それに応えるわけです。対話って、スゴイことなのです。脳で行われている情報処理量は膨大になり、脳をフル活用している状態が対話なのです。

使える英語を身につけるには、一刻も早く、この「発話」部分の脳を開発することです。暗記も大事ですが、話すことにも時間を費やす必要があると思います。

コロンビアの学校へ行ったとき、授業で周りが外国人だった

これはボクの体験です。スペイン語を学ぶために、コロンビアの学校へ通っていたときのことです。

日本人のボクたちは語学を勉強するとなると、次の５つをするのではないでしょうか。

①教科書を読む
②単語帳で単語を覚える
③文法を書いて理解する
④レッスン動画を観る
⑤文章を分析したり作ったりする

授業中に先生の話を真剣に聞くのはもちろんのことです。ボクは配布されたプリントをきちんとファイルして保管しましたし、授業の内容を必死でノートに書いていました。

教室を見回すと欧米人ばかりです。英語圏やドイツ語圏、フランス語圏の人たちがスペイン語を学びに来ているのです。彼ら、彼女らは、授業中はジョークを言ったりしてヘラヘラ笑いながら先生の話を聞いていました。

第1章

なぜ日本人は英語が話せないのか?

そして、なんと！　授業が終わると、授業中に配られたプリントをみんな捨てて帰るのです。えっ、マジ？　と思いました。

（やれやれ、みんなやる気がないのかなぁ。真剣に学んでいるのはボクだけじゃないか。もしかすると、ボクがこのクラスで1番かな。試験が楽しみだなぁ。）

そんなことを考えながら、ボクは単語帳を作って肌身離さず持ち歩き、単語の暗記に余念がありませんでした。

あるとき、アングロサクソンの男子がボクの単語帳を見て、

「これなぁに？」

と尋ねてきました。

「こうやって暗記してるんだよ」

ボクは誇らしげに答えました。これだけの努力をしてるんだぞ、スゴイだろ、と。

しかし、その男子は、

「ボクたちは、そんなことやんないよ。時代遅れだよ」

と言って笑うのです。

彼らは単語帳なんて作りません。ノートにメモも取りません。そして、授業中は、よ

くしゃべります。キャッキャと笑って楽しんでいます。

（しめしめ、キミたちはそうやって楽しんでいればいいさ。あとで後悔してもボクは知らないよ。）

ボクは心の中でほくそ笑みながら、試験の結果を待ちました。彼らはキリギリスで、ボクは努力家のアリです。最後に笑うのは当然、アリですよね。

さて、結果はどうだったと思いますか？　彼らのほうがボクよりも、はるかに成績が良いのです。ボクは、クラスでビリでした。目の前の景色が暗転するほどの衝撃を受けた瞬間でした。

「どうやって勉強してるの？」

とボクは素直に尋ねました。

「お前は、勉強にムダなことをやりすぎているんだよ。単語帳なんてムダだ。必要最低限のことをやれば話せるようになる」

ニヤニヤ笑いながらその彼は答えてくれました。

（え？　いったい何をすればいいの？）

とにかく日本人の伝統的な勉強法ではダメなのです。膨大な時間がかかるだけで、ちっとも身につきません。ムダなことに誰よりも時間をかけても、結局はムダなのです。ラブレターを1万通も100万通も書いたとしても、相手に渡さなければ意味がありません。書くことに費やした時間はムダなのです。

「そうか、勉強法が間違っていたのか」

そこから、ボクの悪戦苦闘がはじまりました。

語学を身につけるために、どんな勉強をすればいいのか研究しました。成績の良いクラスメイトと四六時中行動をともにしながら、彼らがやっていることを調べました。先生にも聞きましたし、専門書も紐解いてみました。

そして実際に試してみて、ムダだと思える勉強は捨てました。自分だけでなく、後輩に教えてみて有効だった勉強法だけを残していき、独自の勉強法を築いていったのです。

具体的な内容はのちほどたっぷりとお話ししますので、楽しみにしてください。

遠まわしな言い方を好む文化的背景

なぜ日本人が英語を話せないのか、その理由の1つに日本人の持つ文化的マインドがあると思います。

あなた自身も、無意識のうちにマインドセットしていることがあるはずです。たとえば次のようなことです。

- 人に迷惑をかけてはいけません
- その場の空気を乱してはいけません
- みんなの列からはみ出してはいけません
- 人前ではみっともないので、きちんとしなさい
- 嫌なことがあっても、我慢して最後までやりなさい

すべての日本人がこうしたマインドセットがあるとはいいません。ただ、こうした

傾向があるということです。

集団の中では、波風を立てないようにする意識が日本人にはあるように思います。

「お前、空気読めよ」

と責められたことはありませんか？

空気の読めない人は、日本では嫌われて仲間外れにされてしまいます。実際、居酒屋でみんなで飲んでいるときに、フーテンの寅さんみたいな人がいて、自分の自慢話ばかりやってしまい、人が話しはじめても、すぐに自分の旅のことや家族のことに持っていってしまったらどうでしょうか？　おまけに、口ごたえをしようものなら怒り出して、「貴様、表へ出ろ！」となるのです。

すると、次の飲み会のとき、「寅さん、来るの？」と聞かれるようになるでしょう。そして「ごめん、私、寅さんが来るんだったらパス」という人が出てくるのではないでしょうか。

日本人は、ストレートな言い方をして角が立つことを恐れるのです。空気を読まない人は敬遠されます。京都では「そろそろお茶漬けにしましょうか？」というのは「そろそろ帰ってくれ！」という意味ですよね。

ストレートに「帰ってくれ！」というと角が立ってしまい、相手の気分を害してしまいます。そこで「お茶漬けはいかがですか？」と言うわけです。これは日本人の持つ素晴らしい配慮と気遣いととらえることができますが、一方で「言いたいことをはっきり言わない」という欠点にもなってしまいます。

夫婦間でも以心伝心が美徳とされています。何も言わなくても食後にはお茶と新聞が出てきて、「おい、あれ」と言えば、すぐにいつものお菓子が出てくるわけです。こんな夫婦、ひと昔前はたくさんいたそうです。

ボクがアルバイトでガスの配管工事の仕事をしていたときのことです。老朽化した家屋のガス管を新しいものに取り換えるための作業で、毎日、同じことの繰り返し。ですから、現場に着くと、誰も何も言わずに、穴掘り担当の人が穴を掘り、道具を持ってくる担当の人は次々と必要な道具を運び、残土を処理する人は穴から出てきた土をネコ（一輪車の手押し車）で運び、手際よく働くのです。作業中は終始無言です。一切、言葉を発しません。

そして、親方が「おう」と言えば昼の休憩です。みんなも「12時を回っているし、作業もほとんど終わりに近づいているので、そろそろ休憩だな」と思っているので、何も言う必要がないのです。そして昼食後には、2つめの現場に移動して黙々と作業をするわけです。

まさに以心伝心です。見事なほどでした。

均一な作業をするとき、こうした以心伝心は力を発揮します。同じ作業をより早く、より正確にするには、以心伝心のできるチームが最強でしょう。

しかし、新しいものを作り出す商品開発とか、新しい市場を開拓する営業などの部門では通用しません。

ボクは26歳のとき、外国人ばかりで構成するプロジェクトに参加しました。ちょっとしたイベントを開催することになり、どんな内容にするのかという会議がはじまりました。すると、海外の人たちは、自分の意見をどんどん出します。議論が白熱して喧嘩っぽくなるシーンもありました。ボクはみんなの意見を聞くばかりで黙っているしかありませんでした。タジタジです。

日本人だけの会議だと、司会者が概要を説明し、一人ひとりを指名して話を引き出しますが、海外ではそんなことはしません。黙っている人は置いてきぼりです。

ボクはまさに蚊帳の外のような疎外感さえ抱きました。日本人なら、このときのボクの心境が理解できると思います。あなただって、周囲が外国人ばかりだったら、何も話せないのではありませんか？

会議が終わって、海外メンバーの友人が「お前はバカなのか？」と言ってきたのです。

「え!?　どうして？」

とボクが尋ねると、

「自分の意見を持たない人間はバカだろ。何も話さないのは考えていないのと同じだ」と言うのです。

ボクたち日本人は小さいときから、自分の意見を話す教育を受けていません。無意識のうちに、自分の意見を言葉にしてはいけないというマインドセットがあるのかもしれません。これは語学を習得するうえで最も大きな障壁といえるでしょう。

あなたの中に人前で自分の意見を言えないような心のブロックがあるとしたら、一刻も早く、そのブロックを外してください。語学には必要のないものです。

恥ずかしがる日本人の心理的要因

ボクの友人に新宿に住んでいる人がいます。その人と一緒に新宿西口の「思い出横丁」で一杯飲んだときのこと。「思い出横丁」は昭和の雰囲気を残した情緒あふれる小さな飲食店が所狭しと並んでいる地域。外国人観光客にも大人気です。

その友人とカウンターだけの小さな焼き鳥屋に入りました。すぐ横に外国人カップルが入って来て座ります。そして、男性のほうが店主に

「キャン、ユー、スピーク、イングリッシュ？」

と尋ねたのです。すると、店主は何も言わず英字メニューを渡しました。

そのやりとりを、その向こう側に座った若い日本人女性の2人組が見てクスクス笑っているのです。

外国人カップルは、その2人組の女性たちにも

「キャン、ユー、スピーク、イングリッシュ？」

と尋ねました。

すると、2人組のうちの1人が、

「ア、リトル」

と言ったのです。

この日本人女性は謙遜を含めて「ア、リトル」と言ったのでしょう。日本人にとって謙遜は美徳ですよね。しかし、海外では自分を主張しないのは「バカ」な行為だと受け止められるのです。

日本人は、海外の人たちからバカにされているとわかっていても、練習をしないのです。

恥ずかしがって話さないから上達しません。語学は学ぶものではなく、使うものです。日本人は話すこともなく、いつまでも学んでいるだけです。それって、車の教習所で本ばかり読んで、車に乗らないのと一緒です。車の本で学科ばかり学んで試験で100点取っても、実際に車に乗る技能試験で合格しなければ免許は取れませんよね。先に進んでいくには、実習に力を入れるべきでしょう。

語学も同じです。話すことにこそ力を入れるべきなのです。

そもそも、謙遜という考え方が海外にはありません。たとえば、「ありがとう」「さようなら」「こんにちは」の3つしか話せないとしても、海外の人ならば、

「私、日本語できますよ」

と答えるでしょう。

「アイ、キャン、スピーク、ジャパニーズ」

と平気で言ってしまう人たちなのです。

あなたはいかがですか？「サンキュー」「シー、ユー、アゲイン」「グッド、アフタヌーン」しか話せないのに、「アイ、キャン、スピーク、イングリッシュ」と堂々と言えますか？

恥ずかしいので話さないのは、勇気がないってことではないでしょうか。間違えることが怖いからといって、一歩前へ踏み出さなかったら、いつまでも英語が話せないままで終わってしまいます。

せっかく外国人観光客が日本へたくさんやって来てくれる時代になったのに、学んだ英語を使って話さないなんて、もったいないと思いませんか？　この心のブロックがある限り、語学が身につくことは絶対にありません。

焼き鳥屋の店主みたいに無言で英字メニューを渡すだけで注文を取るなんて、褒められる接客術でしょうか。海外旅行者なんて1回だけのお客でもう来ることはないだろうと思っているのでしょうか。せっかく、海外からのお客さんがたくさん来るんだから、少しでも英語を覚える努力をすればいいのにと思いませんか。

「ワァット、イズ、ジ、オーダー？」

くらいは誰だって話せるはずです。

誰も本気で英語に取り組まない

これは、ボク1人が思っていることかもしれませんが、いまの日本人は本気で英語に取り組んでいないのではないでしょうか。すべての人がそうだとは言いませんが、あまりにも多いと思うのです。

昔、日本人は勤勉でした。勤勉といえば日本人、日本人といえば勤勉、おでこに「勤勉」と書いて歩いているような人たちばかりだった30年も前、テレビCMで「24時間戦えますか」というキャッチコピーがありました。１９８９年の流行語大賞銅賞を受賞した言葉で、バブル景気に沸いた時代、黒いスーツに身を包み、栄養ドリンクを飲みながら颯爽と働く姿をいたるところで見かけたものです。

いまは全くの逆。「日本ほど生産性がない国はない」とまでいわれています。日本生産性本部がまとめた2017年における日本の労働生産性（時間あたり）は47・5ドルで、主要先進国では最下位でした。1位の米国は72ドル、2位のドイツは69・8ドルなので、日本の生産性は米国やドイツの3分の2程度しかないことになります。もっとも、日本の労働生産性が先進国中最下位なのは1970年代からずっと変わっておらず、日本の生産性が良くなったことは一度もないというのが現実です。

要は、ダラダラやっているということです。本気で仕事しようと思っていないのです。海外へ行ったらゴルフ三昧。夜は飲み歩く。海外で必死に売り歩くのは韓国や中国で、日本人はダラダラしています。韓国や中国に取られても、自分の給料が下がるわけではないと思っているのでしょうか。

英会話にしてもそうです。「話せたらいいなぁ」と漠然と思っている人は、絶対に話せるようになりません。ボクの学生時代の友人たちの多くがそうでした。みんなで集まっては夢を語り、「将来は海外で活躍できる人財になろうな」と言っていたのに、実際に語学を身につけて海外で活躍しているのはボクだけです。

1人だけ、海外出張の多い商社に就職した友人がいます。しかし、その友人は海外勤務を嫌がっていました。

「出張で1週間くらいならいいんだけど、2年も行くのはちょっとね」

と言うのです。

商社に勤めておきながら、しかも学生時代には海外で活躍できる人財になろうと決意しておきながら、海外への転勤を嫌がっていました。結局、上司と交渉して2年後には必ず日本へ帰って来られるという約束を取りつけて転勤していったのです。

いつから、こんな日本になってしまったのでしょうか?

明治時代の日本人は必死でした。本気でした。語学も必死で学んだのです。現在の日本人は、海外へ行っても日本人同士がつるんで外国語を使いません。どうせすぐに日本へ帰って来るから無理して学ばなくていいと思っているのでしょう。

人間は誰しも楽なほうを選んでしまう傾向があります。あきらめの風潮とでもいいましょうか。必死に勉強するなんて流行らないし、カッコ悪い。ありのままで、何にも成長せず、いまのままで生きていけばいい、さっさとあきらめてしまえば楽でいいという考え方です。

しかし、それでいいのでしょうか? ボクはあきらめるなといっているわけではありません。バブル期のような企業戦士になれとも、ブラック企業にしがみついて忍耐力を養えともいっているわけでもないのです。

あきらめるとは途中で投げ出すことですが、「明らかにする」という意味もあります。「あきらめる」を漢字にすると「諦める」となります。この「諦」という字は「明らかな真実」という意味です。

この現象の底に眠っている真実を明らかにしてほしいとボクはいっているのです。日本企業の生産性が低いのはどこに原因があるのか、本当のところを明らかにするべきです。1万ドル稼ぐのに必要な社員数と労働時間は、日本が29人で7時間です。アメリカが19人で7時間。日本のほうが10人も余分に使っているということです。

語学を習得することもそうです。語学の本質を明らかにしてほしいのです。語学はあくまでも手段です。アイテムです。武器です。いつか身につけたいではダメなんです。学ぶことが目的になっていてはいけないのです。

つまり、この武器を持って何をするかを明らかにしてほしいのです。**「何のために」という使命を持っていれば、語学はすぐに身につけることができます。**

いろんな教材に次々と手を出してしまう

こんなアンケート調査がありました。「語学のためにいくら使ったか?」という質問です。中学からずっと計算してみたら平均300万円だそうです。1000万円と答えた人もいます。50歳以上になると500万円以上は使っているという結果が出ていました。

ボクにも経験があります。本屋へ行くとどうしても語学のコーナーへ足が向きます。そして、気になる本をペラペラとめくってしまい、そのうち衝動を抑えられなくなって買ってしまうのです。そんなふうに買ってしまった英語とスペイン語の本が家の中には何十冊とあります。CDもたくさん買いました。

でも、本やCDを買って「よし、やるぞ」と決意しても、3日くらいでやめてしまうのです。買っただけで終わるのです。心理学の先生が「買うことで安心してしまうのだ」と以前言っていました。

お金を払っただけで身につくのならいいのですが、そんなことは絶対にありません。成長するって大変なことです。マチュピチュへ行くとか、豪華客船に乗るとか、ブランドのバッグを買うとか、そういう夢はお金があれば叶います。なければ借金すれば簡単に叶う夢です。しかし、英語がペラペラになる、翻訳家になる、通訳になるとか、そういう自己実現の夢は努力しなければ叶いません。ムダな努力は何時間やってもムダなのだと肝に銘じておいてください。

ボクが20歳のころのことです。当時は大学生で旅行が好きだったので、アフリカ、南米、ヨーロッパなどに行って、英語を学ぼうと努力していました。

ところが英語が嫌になった出来事があります。英会話をマスターする機会にと、友人と国際交流パーティーに顔を出していました。ボクがアメリカ人のキレイな女性に話しかけてもタドタドしい英語ですから、冷たい態度であしらわれます。一方、外国で育った友人はネイティブと同じレベルの英語をペラペラしゃべります。彼はモテモテでした。アメリカ人美女は急に笑顔になって友人と楽しそうに会話して、ボクは忘れ去られてしまうわけです。

「え、いたの?」

という感じの冷淡な対応です。そういうことがたくさんありました。

欧米人にとっては、英語を話せないとイライラするらしいのです。ボクはいないのと同じで、空気みたいな存在になりました。

ボクの中に多少の被害妄想があるのかもしれませんが、欧米人はアジア人に冷たいという印象があります。

2017年4月に、アメリカのユナイテッド航空が、男性を無理矢理座席から引きずり降ろした事件がありました。血を流しながら通路を引きずられる姿がYouTubeにアップされて話題となった事件です。航空会社が当日キャンセルを見込んで予約を多めに受け付ける、いわゆる「オーバーブッキング」が引き金となったこの事件。搭乗前の事前処理がうまくいかず、ユナイテッド航空はランダムに4人の乗客を選び降機を求めましたが、そのうちの1人であるアジア系の男性が最後まで座席を譲ることを拒否したため、空港警察に無理やり引きずり降ろされて血まみれになってしまいました。

流血したアジア系男性の様子を撮影した映像が、ソーシャルメディアを介して瞬く間に広まり、中国系を中心とするアジア移民の間で「人種差別だ」という怒りの声が上がりました。

アラバマ州、ルイジアナ州、ミシシッピ州などの「ディープサウス」とよばれる南部の一部の地域に行けば、いまだにあからさまな有色人種への差別が存在します。

「ガラガラのレストランでトイレの横の席に案内されたあげく、無視されて注文をなかなか取りに来てもらえなかった」

「学校でイジメやゆすりにあった」

「ショッピングに行ったら、あからさまに高圧的な対応をされた」

など、イヤな話もたくさん聞きます。

ボクの友人で、ロンドンの街を歩いていたら突然「チャイニーズは出て行け！」と生卵を投げられた人がいます。アジア人のことを下に見ているし、彼らにしてみたらサルのように感じているのかもしれません。サルに話しかけられているから、しゃべれないと無視するわけです。こちらは、夢と希望を持って話しかけるのですが、「サルのくせに話しかけるな」という心理がどこかに隠されているのでしょう。

そんな経験をして、ボクは英語の教材を一切買わなくなりました。持っている教材もすべて捨てたのです。そして、スペイン語を学ぶことにしました。

なぜならば、スペイン語圏の人たちは、日本人だとわかると喜んでくれます。神様くらいに崇拝するのです。日本は「近未来」のようなイメージがあるそうです。ゲームやアニメなどの影響だと思います。

ボクが日本人だとわかると、彼らは
「秋葉原へ行ってみたい」

と言って目を輝かせます。アニメの舞台も聖地になっていて、「いつか行ってみたいと思ってるんだ」と言ってすぐに打ち解けてくれます。

スペイン語圏の人たちにはラテンの陽気さがあります。こちらがタドタドしいしゃべりでも待ってくれるし、一生懸命に真意をくみ取ろうとしてくれます。無視なんて絶対にあり得ません。

ボクがスペイン語を勧める最大の理由の1つがここにあるのです。

原因は日本人の耳にあった

いくら努力しても日本人には英語が向いていないということが、科学的に証明されています。そういうとかなりショックですよね。しかし、事実なのです。

聴覚・心理・音声学国際協会会長であるアルフレッド・トマティス博士の研究により、それが明らかにされました。トマティス博士は次の3つの原則を唱えています。

①耳で聴き取れない音は発音できない
②聴覚の改善によって発音にも変化があらわれる
③聴覚の改善後、発音の改善も定着させることができる

さらに、トマティス博士は、言語として優先的に使われる音の周波数帯があり、この周波数帯を「言語のパスバンド」とよびました。

周波数とは、音の波です。空気を振動させて伝わるこの波により、言葉や音が伝わ

るわけです。

生まれたばかりの赤ちゃんは、人間の耳が聴き取れる20〜2万ヘルツの間のパスバンドを持ち、そのすべてを聴き取れるだけの潜在能力があることがわかっています。

しかし、2歳になるころまでに、周りの話す人の言語を聞いているうちに、日本人の場合は日本語の周波数帯にパスバンドが固定され、不要とされる帯域を聴き取るのに必要な脳細胞は死滅してしまいます。そうなると、日本語のパスバンドと同じ帯域ではない言語を聞いても「言語」として認識できず、ただの「雑音」になってしまうのです。聴き取れず、言語として認識できなければ、当然、発音できるようになりません。

つまり、日本人は英語の発音が雑音のようにしか聞こえないということなのです。

実際、幼児期に英語を覚えさせると簡単に話せるようになりますが、それを過ぎるとかなり困難になります。それは、日本語の周波数帯にパスバンドが固定される前ならばいいのですが、その後だと困難になるということです。

トマティス博士の研究によって発見された各言語の周波数帯は、**図1-2**の通りです。

図1-2　各言語の周波数帯（パスバンド）

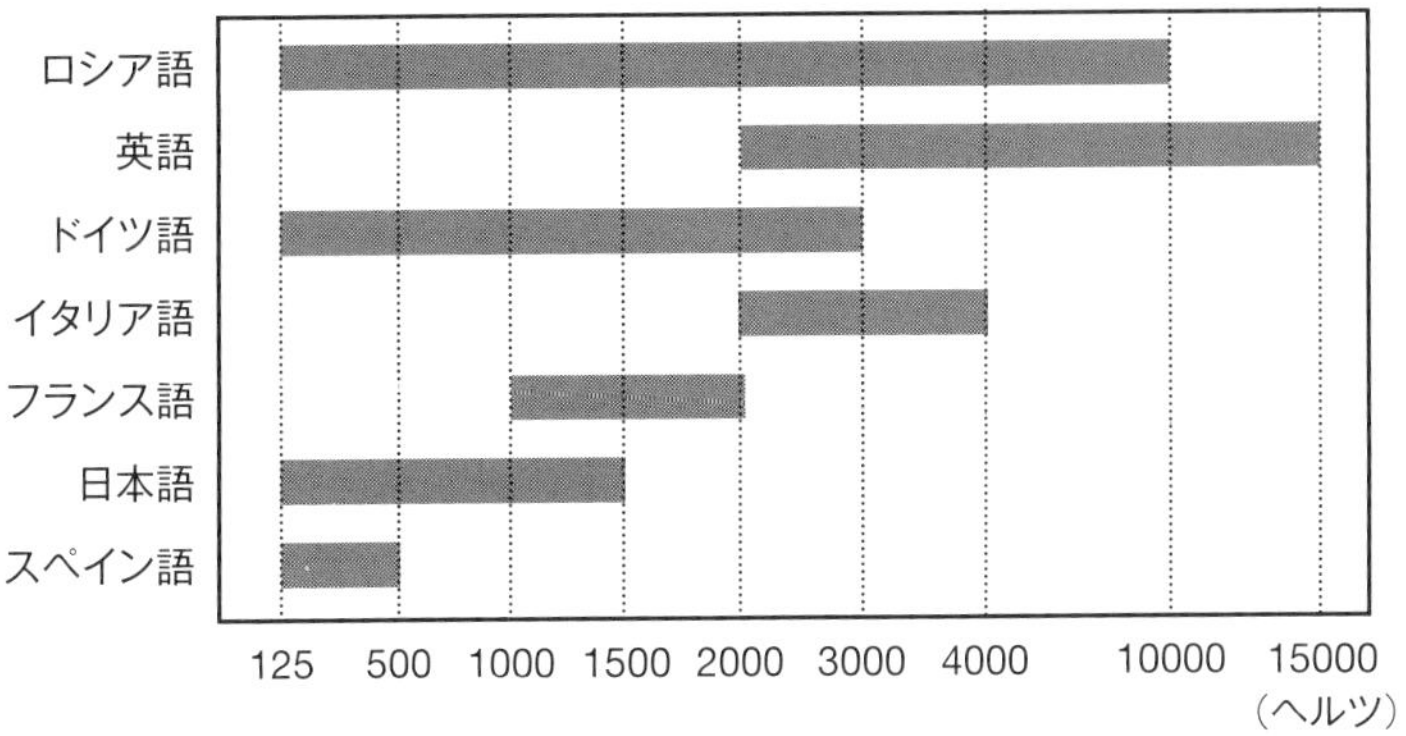

英語のパスバンドは２０００〜１万５０００ヘルツ。一方、日本語のパスバンドは１２５〜１５００ヘルツ。つまり、トマティス博士の研究により、日本語と英語ではパスバンドに大きな溝があり、日本人の脳では英語が聴き取れないことがわかったのです。

アメリカ人やイギリス人の声って、日本人よりも少し高い気がしませんか？　頭の上でキンキン鳴っているような感じです。

日本語と英語は周波数帯に交わる部分がちっともないのですから、当たり前ですよね。

そのため、日本人には英語は雑音にしか聞こえず、聴き取れないので発音することもできません。

これが、日本人の実に7割以上の人がどれだけ努力しても英語ができない理由の真相です。これればかりは脳細胞レベルの話なので、どうしようもありません。幼少時代に英語に触れることができて、脳細胞の死滅を防げた帰国子女やハーフの方を別とすれば、日本人は英語を言語と認識しない脳を持っているために英語ができなかったということ。努力が足りなかったり、自分が悪かったわけではないのです。

日本人が英語ができない理由には、実はこのような真相があったのです。ただ、ここだけを聞くと、「英語ができない＝外国語ができない」と勘違いして語学マスターをあきらめてしまう人が出てしまうかもしれません。

安心してください。このデータは、単純に「日本人の脳では、英語を言語として認識できない」といっているだけで、すべての外国語ができないわけではありません。むしろ、日本語の「パスバンド」と同じ周波数帯の外国語であれば、日本人は簡単に理解でき、話せるようになるのです。

「英語以外で習得して役に立つ外国語があるのか？」と疑問に思う人もいるでしょう。実は、それがあるのです。世界20カ国以上で4億人以上の人たちが使い、アメリカのロサンゼルスでは47％もの人が日常的に話している言語が、いま「未来の言語」として世界的に注目されているスペイン語なのです。

図1－2をもう一度見てください。日本語とスペイン語は完全に重なっています。

つまり、周波数帯が近いということです。発音もかなり日本語に近いのです。

信じられないかもしれませんが、**スペイン語は、ローマ字読みで普通に発音すればちゃんと相手に通じます。**実際に、スペイン語圏の人と話してみてください。伝わることにびっくりするはずです。

たとえば、次の4つの単語をスペイン語で発音してみてください。

① PERFECTO
② CHOCOLATE
③ AMIGO
④ GRANDE

①「パーフェクト」と読もうとする必要はありません。そのままローマ字読みで、「ペルフェクト」です。意味は英語と同じ「完璧」。英語から想像しやすいですね。

②「チョコレート」と読みたいところですが、ローマ字読みだと「チョコラテ」。この読み方で完璧なスペイン語になります。意味は同じ「チョコレート」です。

③「アミーゴ」。この言葉は聞いたことがある人も多いと思いますが、スペイン語で「友達」という意味です。

④「グランデ」。有名コーヒーショップでサイズの大きいものを指しますが、これはスペイン語で「大きい」という意味です。

このように「ローマ字読みでそのまま発音できる」のがスペイン語の大きな特徴です。スペイン語をまだ勉強していない人でも、単語を見たまま発音して、ネイティブの人から「発音が上手だね！」と絶賛されます。日本人はスペイン語を完璧に発音することが可能なのです。

英語が話せない最大の原因が日本人の耳にあったわけですが、それを克服する鍵が実はスペイン語にあります。スペイン語は聴き取りやすいし、発音しやすい言語ですから日本人でも話せるようになります。

スペイン語が話せるようになったら、外国語に対するコンプレックスが消えていくはずです。

Columna

パラリンピック金メダリストの通訳

２０１８年９月に横浜で行われた国際水泳競技会で、ボクはパラリンピック金メダリストのダニエル・セラーノ選手（コロンビア代表）の通訳を務めました。ボクの運営するアカデミーはコロンビア選手団の公式スポンサーですから、生徒たちも通訳として参加しています。

そして、横浜の小学校でセラーノ選手に講演をしてもらいました。その講演内容をここで紹介させていただきます。

【ダニエル・セラーノ選手の体験談】

「チビ！」

「お前はクズだ！」

壮絶ないじめ。小さいころから背が伸びず、家族からもバカにされ、友達は１人もできませんでした。小人症という病気と認定され、障害者扱い。ますます孤独になっていきました。

「生きている意味あるのかな？」

いつからか死ぬことばかり考えていました。

そんなとき、たまたま開かれた無料の水泳教室。貧乏だったからいままでプールに入ったこともなかったのですが、水の中では、すべてを忘れられ、もう1人の自分になれた気がしたのです。

貧しい地域での水泳教室。社会活動の一環で教えに来た方から声をかけられ、

「本気で水泳をやってみないか？」

と誘われました。無償で教えてくれる、というのです。自分を障害者として扱わず、初めて「人間」として見てくれたのが嬉しかったです。それが自分の人生を変えてくれたパラリンピック水泳の代表コーチとの運命の出会いでした。それから自分の居場所を見つけ、ひたすら練習に打ち込みました。

結果、半年後には、国内で1位。リオのパラリンピックでは、弱冠20歳にして、金、銀、銅の3つのメダルを獲得。いまでは、家族からも感謝され、友達もたくさんできました。

「生きててよかった」

「人生は必ず変えられる！」

「夢は必ず叶う！」

ということがわかりました。

この実体験が、いじめられていたり、人生に迷っている人の役に立てればと、学校訪問などで語らせていただいています。

2018年9月リオパラリンピック水泳
金メダリストのセラーノ選手と

第2章

これからの仕事には、スペイン語も英語も必要

英語とスペイン語の両方できたほうがいい

訪日外国人の数はここ数年で飛躍的に伸びており、2030年には6000万人へと拡大することが予想されています（図2-1）。

国別では中国がトップで、次いで韓国、台湾、香港と東アジア圏からの訪日が4分の3を占めています。なかでも、伸び率ではベトナム人がトップです。

訪日外国人たちが行く場所は、いまだに関東や関西に集中していますが、地方へと観光に行く人たちも次第に増えているよう

図2-1　訪日外国人旅行者数 推移

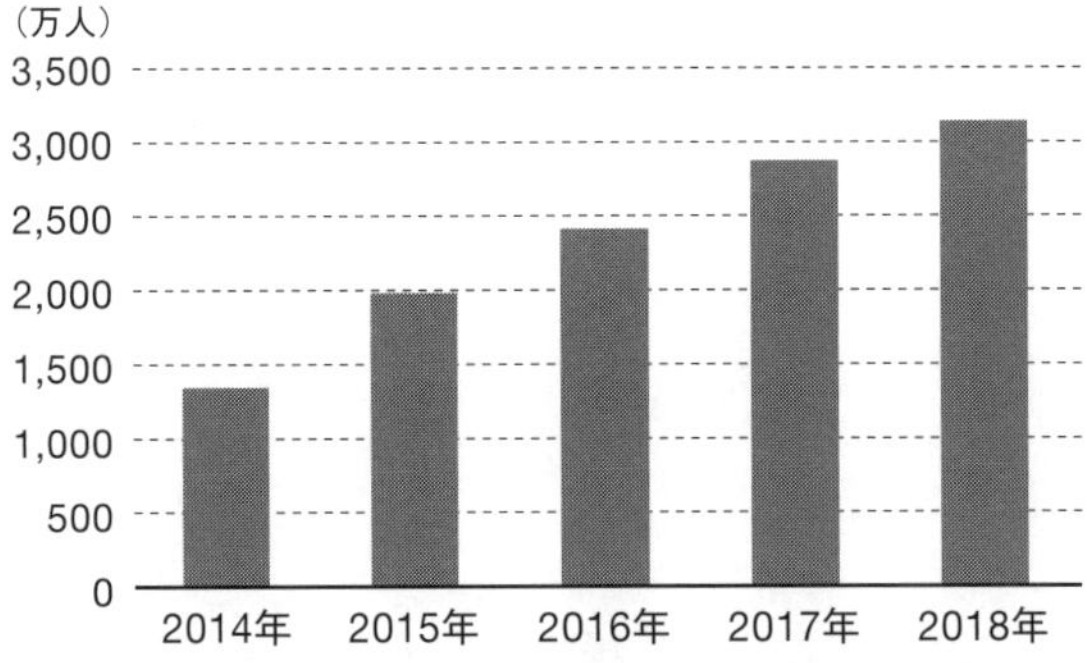

（日本政府観光局JNTO発表統計より）

図2-2　ターゲット市場別訪日外国人　都道府県認知度

東アジア（N=1,600）

認知度	都道府県
80%台	北海道 東京都
70%台	京都府 大阪府 沖縄県
60%台	千葉県 奈良県 広島県 福岡県

東南アジア（N=2,400）

認知度	都道府県
60%台	東京都 大阪府
50%台	北海道 京都府 広島県
40%台	福島県 千葉県 神奈川県 奈良県 福岡県 長崎県 沖縄県

欧米豪（N=2,000）

認知度	都道府県
50%台	東京都
40%台	京都府 大阪府
30%台	北海道 福島県 千葉県 神奈川県 広島県 長崎県 沖縄県

（JTB訪日旅行重点15ヵ国調査より）

表2-1　訪日外国人
地域別認知度・検索経験・訪問経験・再訪意向割合　（N=6,000）

地域	認知度（%）	検索経験（%）	訪問経験（%）	再訪意向（%）
北海道・東北	36.9	40.6	59.1	46.1
関東	39.2	47.1	66.6	49.1
中部	33.2	41.2	61.4	42.5
関西	41.9	51.3	70.1	52.3
中国	34.9	40.0	60.9	41.7
四国	30.2	39.2	60.5	40.8
九州・沖縄	38.1	43.9	61.4	46.3

※認知度のサンプルは6,000。
検索経験は認知を、訪問経験は検索経験を、
再訪意向は訪問経験をそれぞれ母数とする。

（JTB訪日旅行重点15ヵ国調査より）

です（**図2－2**、**表2－1**）。
これからは、地方に住んでいても、外国人観光客と出会う機会が増えることでしょう。工場などで外国人労働者を受け入れている地域では、すでに友好を深めている人が多いかもしれません。

日本へやってくる東アジアや欧米豪の人たちは、たいてい英語が話せますから、街で出会ったら、**図2－3**のように気軽に声をかけてみましょう。
相手が話しだしたら「Ｎｉｃｅ！」とか「Ｃｏｏｌ！」とか言って、相づちを打てばＯＫ。

図2-3　声をかけやすいフレーズ

Where are you from?
（どの国からいらっしゃいましたか?）

Are you traveling?
（観光ですか?）

I'm learning English,
so I want to help travelers in Japan.
（英語を勉強しています。
ですから日本にいる観光客を手伝いたいのです。）

Where have you
been so far?
（いままでどちらへ行きましたか?）

東アジアの人たちは、日本人の英会話にある程度通じることができるかもしれません。しかし、先述した通り、そもそも欧米人は聴覚の周波数が違いますから、なかなか通じなくてもどかしさを感じるでしょう。

スペイン語圏から観光にやってくる人はまだ少ないようですが、これからは必ず増えます。しかも、スペイン語圏の人たちは、スペイン語が話せる日本人を見つけたら大喜びするはずです。英語が話せる日本人はたくさんいますが、スペイン語は圧倒的に少ないですからね。

外資系企業で日本人の英語発音は通じない

日本にいるのに英語を使わなければいけない時代がやってくるかもしれません。

2010年に楽天の三木谷社長が「社内の公用語を英語にする」と宣言し、話題となりました。批判的な声もあったようですが、いまでは完全に定着しています。

楽天では事業の国際化が進み、外国人社員は20倍に増え、12カ国以上の国籍のスタッフが働いています。

「先にいろいろと考えると大変ですが、やってみるとできるものです」

と三木谷社長は言っています。

日本国内にいても社内では英語を使わなければいけない時代がどんどん進んでいくということですが、英語が話せない人が多いのは残念でなりません。しかも、日本人の英語は通じないのです。

ボクにも、英語が通じなかったというトラウマがあります。当時は中学3年生。学校の代表が行くプログラムで、初めてアメリカへ行きました。

学校で勉強した英語を使うチャンスだと思い、ワクワクドキドキしながら、飛行機に乗りました。そしてCA（客室乗務員）さんに「ウォーター、プリーズ」と勇気を出して言ったのですが、通じませんでした。CAさんは「はぁ？」と嫌そうな顔をして、無視して行きました。ショックでした。撃沈です。

目を輝かせて現地で話す学生もいましたが、ほとんど通じませんでした。いたいけな少年が一生懸命に英語で話しているのに、わからないという顔をされるわけです。

一緒に行ったほぼ全員が経験しました。

あのときは中学生でしたから、通じなくても笑って許せたかもしれませんが、仕事で通じないのはアウトです。公用語が英語だという外資系で働いている日本人のほとんどは帰国子女です。完璧な英語を話します。年収も1000万〜2000万円もらっていたりします。会話が通じないと、そんな仕事はできません。そもそも雇ってもらえないでしょう。

何度も英語にチャレンジして挫折した人は、ぜひともスペイン語を学んでみてください。スペイン語を学習するなかで、耳と脳が外国語に慣れていき、アルファベットの文字にも触れていくうちに、スペイン語だけでなく英語も習得できるようになるはずです。

通訳や翻訳で英語は報酬が低い

「語学で生計が立てられるようになったらいいだろうなぁ」

という人はたくさんいます。

語学といっても大半は英語です。中学・高校と英語が大好きで、大学も外語大へ進んだとか、海外へ語学留学したという人は多いでしょう。

英語で身を立てるとなると、すぐに思い浮かぶのは通訳や翻訳ではないでしょうか。外国人と英語でペラペラと会話する姿はカッコいいですし、デキる人と思われ、凛々しく見えます。多くの人が憧れるかもしれません。

通訳のいいところは、フリーランスという選択肢がある点です。どこかの企業に就職する必要がありません。だから、時間的な制約のない自由な働き方ができます。

しかし、通訳といってもいろんな種類があります。主に次の4つです。

①国際会議で活躍する同時通訳
②政府、官公庁の通訳
③観光案内ガイド
④ビジネス系の通訳

①は、いわゆる通訳の花形。語学で身を立てようとしている若者たちが憧れる職業です。ボクも憧れていましたし、その夢をいま実現しています。

いうまでもなく、語学力はもちろんのこと、専門知識や臨機応変に機転を利かせる柔軟性などが要求されます。要求レベルは最高峰といえるでしょう。日頃の精進と情報収集、知力と体力を常に最高レベルに維持していなければいけません。

②も①と同様に、最高レベルの能力が要求されます。

③には「全国通訳案内士」という国家資格があります。この資格試験は辞書なしで90点以上取れなければ合格できないほど難関試験です。昔はこの資格が必要だったみたいですが、現在は規制緩和が進み、誰でもガイド通訳になれる時代になりました。

④は「技術関係の通訳」「会議や商談の通訳」「芸能やスポーツ関係の通訳」「モデルの撮影などの通訳」などさまざまです。

一方、翻訳系の仕事には「出版翻訳」と「商業翻訳」とがあります。

出版翻訳の代表的なものが文芸翻訳ですが、これで生計を立てるには芥川賞を受賞するくらい難しいでしょう。もちろん、夢を持って目指すのはいいことです。夢は決してあきらめないでください。しかし、最初から文芸翻訳の仕事を得るのは無謀といわざるを得ません。

商業翻訳ならば、実力さえあれば身を立てるにはさほど難しくありませんが、英語の翻訳家はたくさんいるので、報酬は値下げの一途をたどっています。さらに、現代では高度な専門性を要求されるようになっているのが現実です。

通訳にしても、翻訳にしても、英語の世界は供給過多になっています。しかも、医療系に強いとか、法律に強い、貿易に強い、特許に強いといった特殊な専門性が必要です。これから学ぼうとする人は難しいでしょう。さらに、専門性を持っていても報酬は低いという現実があります。値下げ競争していて、コンビニのバイトよりも安いといわれています。

英語の分野は、フィリピンやベトナム、台湾や中国、韓国からやってきて日本で働きたいという人たちが一番に飛びつきます。彼らは低い報酬でもやってしまうので、英語の通訳や翻訳の報酬はますます下がっていくばかりです。

一方、スペイン語は需要のほうが多い状態です。スペイン語ができる人が少ないのです。「翻訳者ディレクトリ」というマッチングサイトでは、たしかに英語での募集は多いですが、その分応募する人も多くて報酬は少ない傾向にあります。しかも専門性が要求されています。スペイン語は人が足りない分、報酬がいいことも、このサイトを見てみれば一目瞭然です。

観光ガイドは英語とスペイン語のどちらが有利か？

観光ガイド通訳はフリーランスで働く人がほとんどです。その場合の収入は、1回の仕事ごとに支給される「日当」となります。日当は1万〜3万円程度が相場となっていますが、長期ツアーのガイドが入ると、もっと多くの額を一度に得ることもできます。

しかし、フリーランスは基本的に福利厚生などはなく、とくに新人のうちはあまり稼げず不安定な生活になりがちなこともあります。「一般社団法人 日本観光通訳協会」や旅行会社・旅行代理店に個人で登録し、ガイドの案件が発生するたびに仕事を紹介してもらいながら働く方法が一般的です。最近では、そうした仕事をマッチングするサイトもありますので、個人で登録しておいて、仕事がくるのを待つというパターンになります。

旅行のシーズンによって斡旋してもらえる仕事量に増減があるため、安定した収入を得られる働き方とはいえないでしょう。そのため、他の収入源を持っている人や主婦・主夫など、空いた時間に副業として仕事をする人が多くなっています。

しかし、観光ガイド通訳はやりがいのある仕事でもあります。言語も文化も全く異なるお客さまに日本独自の歴史や作法を理解してもらい、さらには好きになってもらうことができたら、こんなに嬉しいことはありません。異国の人たちと心の交流ができる素敵な仕事だといえるでしょう。

下調べも重要です。観光地の情報から関連する歴史や文化、一般常識などを事前にインプットして、お客さまを迎える準備をしなければなりません。その時間はもちろん報酬には含まれません。

さらに、いざツアーの当日になると、1日中動き回るため体力も消耗します。日本に慣れないお客さまを案内するため、予定通りに進まないことも多く、トラブルに対処したり細やかな気配りが求められたりと、精神的にも落ち着く暇がありません。しかし、ツアーの最後に「楽しかった、ありがとう」と声をかけてもらえたときの喜びは何ものにも代えがたいものがあります。

観光ガイド通訳は、柔軟な対応力とホスピタリティ精神を持った人に適した仕事だといえるでしょう。高い語学力や日本に関する幅広い知識はもちろん、親しみやすい人柄やコミュニケーションスキルが重要になります。また、旅行にはつきものともいえるトラブルを臨機応変に対処する能力や、大人数をまとめることのできる統率力も必要となります。そして、何より大切なのは、お客さまに心から旅行を楽しんでもらいたいという、日本的な「おもてなしの精神」、つまりホスピタリティ精神です。

しかし、英語のガイド通訳の需要は多いのですが、供給も多いのです。英語のできる人が多いので、相当優秀な英語力がなければ仕事がないといわれ、報酬の値下げ競争も熾烈になっています。通訳の業者に登録していても回ってこないのが現状です。

一方、**スペイン語は話せる人が少ないので、すぐに仕事にありつくことができます。報酬も高いです。しかも、スペイン語は需要が増えています。南米から訪日する観光客が増えているのです。**

以前、70歳すぎのスペイン語の女性通訳と出会ったことがあります。京都在住で、30年以上もスペイン語でガイドをやっているそうです。その女性だけでは仕事が回らず、東京から応援に来てもらっているそうです。

ボクのアカデミーの卒業生らにもスペイン語の通訳をしてもらっています。日本各地へコロンビアからの団体客をガイドしてもらい、お客さまに大変喜ばれています。英語ガイドで稼げないからといって、ボクのアカデミーに入ってきた人もいます。

その人が言うには、

「スペイン語のガイド仲間を見るとウハウハでした。いつも忙しくてお金が入ってくるみたいで、豊かな生活をされていました」

魚の釣れない漁師が、秘密の場所へ行ってみると、そこは毎日が大漁の漁場だったということです。スペイン語はまさにその漁場なのです。

増加した帰国子女は英語がペラペラ

文部科学省が帰国子女の人口統計を２０１７年に発表しています。それによると、帰国児童生徒数は４年連続で増加していて、１万２０００人を上回っているといいます。この数は年々増加していますので、日本には英語がペラペラな帰国子女がたくさんいるということです。

語学は幼少期がポイントになります。幼少期に英語やスペイン語、フランス語、ドイツ語、中国語などに触れていると、ごく自然に話せるようになります。大人になってから習得しようとすると至難のワザですが、幼少期は何の苦労もいらないのです。

今後は、日本企業もどんどん海外へ進出し、こうした人たちが増えることが予想されます。実際、海外に住んでいる日本人は増えています。とくにアジア圏です。

現地での子どもの教育にはオプションが2つあります。日本人学校か、インターナショナルスクールに通わせるかです。海外に暮らす日本人は、わが子をどうせならインターナショナルスクールで英語を学ばせたいと思うようです。小さいときからやっていると自然と覚えてしまいますから。

日本の有名人にも帰国子女がたくさんいます。お笑い芸人の劇団ひとりさんは、父親が日本航空のパイロットで母親が客室乗務員だったという関係で、小学2年〜5年までアメリカ・アラスカ州アンカレッジに住んでいたとのこと。英会話能力は日常会話程度といっているそうです。

デーモン閣下は、神ゼウスによって10万年もの間地獄に封印されていたそうですが、世を忍ぶ仮の姿では幼稚園から小学1年までニューヨークに住んでいたそうです。幼少期は日本語よりも英語のほうを使っていたといいます。

俳優の加瀬亮さんは、生まれて7歳までアメリカ・ワシントン州で暮らしています。その他、木村佳乃さんはイギリス・ロンドン生まれ、フリーアナウンサーの田中みな実さんはニューヨーク生まれです。幼少期に海外で暮らした経験があると、語学への抵抗もありませんし、外国人とも気軽に話せるようになるものです。

ボクの8歳の息子はコロンビアに住んでいますので、英語もスペイン語も日本語もペラペラです。インターナショナルスクールも考えましたが、アイデンティティを育てるために日本人学校へ入れました。大人になって日本語の漢字を覚えるのは大変ですから、日本人学校でしっかりと日本語を学ばせているのです。コロンビアに住んでいても、やはり日本人ですから……。

英語とスペイン語は、2〜5歳の間に通っていたインターナショナル幼稚園で身につけました。わずか3年で、普通に英語とスペイン語を話せるようになったのです。

帰国子女たちの習得している言語は、英語が圧倒的多数です。彼らの英語の発音は完璧です。日本で中学・高校と英語を学んだ程度では太刀打ちできません。そんな人たちがどんどん増えています。「語学で身を立てたい」と思っても、英語だと彼らと競わなければいけないのです。

第1章でお伝えしたように、ボクにも苦い経験があります。帰国子女である友人の発音が完璧で、外国人と英語で悠々と話している姿を見て自信を失いました。それで、ボクは英語を捨ててスペイン語の世界に飛び込みました。

日本人でスペイン語ができる人は希少価値

海外に住みながら日本のテレビ局やCM制作会社などをサポートする「コーディネーター」という仕事があります。海外でホテルの手配やエキストラを用意するなど、現地でのさまざまな雑用をします。もちろん、通訳もしなければいけません。

ボクも何度かやったことがあります。日本テレビの番組で、世界の果てまで出かけて行って芸能人が現地ならではの体験をするという内容です。その番組をコロンビアで撮影することになり、ボクのところに話がきました。リサーチの段階から関わり、楽しいお仕事でした。

ここでコーディネーターについて、詳しくご紹介します。

まずは、日本のテレビ制作会社から依頼がきます。するとコーディネーターは、それについてリサーチ（下調べ）をします。自然現象だったら、いつどのタイミングで最もキレイに撮影できるのかなどの情報です。

たとえば祭りでしたら、その日程や準備期間、詳細などを調べ、その情報を制作会社へ渡します。すると、制作会社がどういう撮影をしたいかを考えます。そのイメージをできる限り実現させるのがコーディネーターの仕事です。

下調べが終わったら、撮影に備えていろいろと準備します。著名人のインタビューでしたら、あらかじめアポイントを取っておかなくてはいけません。意外と大変なのが、撮影許可。国からの許可はもちろんのこと、市町村、観光地や建造物の所有者、スポーツ協会など、撮影するものの数だけ許可が必要になります。

そして現地で新しく「これ撮りたいなぁ」と言われることがあります。その要望にどう対応するかが腕の見せどころです。

撮影期間中の食事、移動手段、宿泊施設などの手配もコーディネーターの仕事です。結局、現地語が使えるのはコーディネーターだけなので、あらゆる交渉事を指示されることがあります。

現地コーディネーターというお仕事で起業し、海外で暮らすという夢も膨らんでいきませんか？　この仕事は非常にニッチです。それぞれの国に数社あるくらいでしょう。非常に狭いがゆえに、独占市場だということです。昔からお付き合いのあるところからはじめ、口コミで広がり、実績もどんどん積んで事業を拡大していけば、海外で悠々自適の生活ができます。

ウェブサイトとかブログなどで広げていき、「○○という国なら□□さんだ！」というブランディングを確立できれば、不動の地位が獲得できます。

また、コーディネーターをする人には専業の場合と、ガイドや通訳・翻訳、日本語教師、旅行会社、ライターなどの本業を持つ人が空き時間を利用してやっている場合があります。基本的に依頼あっての仕事で、資格は必要ありません。

報酬は交渉制で国や個人によって異なりますが、1日あたり数万円というなかなかの高額。ボクの場合1日5万円でした。10日間働いて50万円です。日当だけ見るとそんなに悪くない条件でした。

どのように仕事を得るのかはさまざまです。知人から紹介されたり、インターネット上や本などに書いた記事が目に留まって依頼がくることもあるでしょう。観光局から話がくる場合もあります。

在住日本人が多いと競争が激しくなります。そこで「海外で働きたい！」という夢を持つ人へおススメなのが、スペイン語圏の南米です。まずは現地で仕事を見つけて修業を積み、一流のコーディネーターを目指す、なんていかがでしょうか。

逆のパターンもあります。日本在住で、海外のメディアから依頼がくるというケースです。イギリスやアメリカのテレビ局だけでなく、南米のマスコミも日本で撮影や取材をすることがあります。その場合でも、英語のできるコーディネーターはたくさんいますが、スペイン語のできる人はごくわずかです。スペイン語のできる人は希少価値があるのです。

第2章

これからの仕事には、スペイン語も英語も必要

Columna

世界的一流ミュージシャン（ネスター・トーレス）の語学力

２００２年夏、ボクはアメリカのマイアミにいました。そこでネスター・トーレスと出会ったのです。世界的に有名なジャズ・フルート奏者です。ＹｏｕＴｕｂｅで「ネスター・トーレス」と検索していただければ彼の演奏が出てきますので、ぜひ聞いてみてください。

こんな言葉を捧げるファンの方もいます。

「ネスター・トーレスに耳を傾けるとき、僕はただ幸せだけを感じる。彼の音楽は僕の中の情熱を呼び覚ましてくれるんだ……。言葉にするのは難しいけどね」。

ボクも彼のフルート演奏を聞いたときは感動しました。

１９５７年にプエルトリコで生まれ、12歳からフルートのレッスンをはじめます。18歳のときニューヨークへ家族とともに引っ越した彼は、ニューヨークのマネス音楽大学とボストンのニューイングランド音楽院で学びました。

Columna

世界的一流ミュージシャン（ネスター・トーレス）の語学力

1989年に『Morning Ride』をリリース。瞬く間にビルボード・コンテンポラリー・ジャズ・チャートのトップを獲得し、高い評判を得ました。

しかし、デビューした直後、ボートレース中に大事故に遭い、瀕死の重傷を負います。肋骨が18本折れ、両鎖骨は損傷し、気胸になって肺が外気を取り込めなくなったのです。そんな状態でしたから、レコード会社は彼との契約を打ち切ります。奥さんとも離婚し、自宅も差し押さえられ破産状態になりました。

そんな奈落の底に突き落とされても、彼は決して負けません。夢をあきらめることなく、奇跡の復活を遂げます。

彼の不屈の精神がその音楽にもあらわれています。陽気なラテンの雰囲気をもった、思わず踊り出したくなるような音楽です。2005年には来日し、日本各地で公演しています。

何度か彼とお会いして、ボクがいつも感心するのは、彼の語学力です。スペイン語がメインで、ポルトガル語、英語も使っていました。いわゆるマルチリンガルです。プエルトリコはアメリカの自治連邦区ですから、特殊な政治的地位にあります。長らくスペインの植民地でしたから公用語はスペイン語と英語ですが、英語はほとんど使われていません。日常生活ではスペイン語が使われています。メディアもスペイン語です。

ただしアメリカに出稼ぎに行く人が多く、英語の勉強も盛んなようです。実際、プエルトリコ人はスペイン語と英語の両方話せるようです。観光客に合わせてスペイン語を話したり英語を話したりしますので、英語しかできなくても十分生活ができます。

ネスター・トーレスも18歳のときからニューヨークに住んでいて、いまはマイアミ在住です。だから、英語もスペイン語も両方話せるようです。ポルトガル語はブラジルとの関係が深く、ブラジルでの演奏もあって習得したようです。

ボクたち日本人も、もっと世界へ飛び出して、世界で活躍したいものです。

第3章

スペイン語を学ぶべき6つの理由

英語ができる人こそスペイン語を学ぶべき

すでに英語ができる人は、スペイン語がめちゃくちゃ早く身につくはずです。たとえば、発音です。スペイン語の単語はローマ字読みするとスペイン語になることが多いので、英語よりも完璧な発音ができます。

ボクの大学時代の友人に帰国子女がいました。彼と一緒にスペイン語を学びましたが、彼のほうが圧倒的に早くスペイン語を身につけました。

「英語の単語をローマ字読みしてるだけなんだ」

と彼は言います。基本的にそれで通じてしまうのです。ゼロからはじめると、新しいボキャブラリーを最初から覚えなければいけませんが、英語ができる人はそもそも単語を知っています。それだけでもかなり有利です。

図3－1の単語を読むとき、日本人がローマ字読みするように発音すれば、完璧に伝わります。

図3-1　ローマ字読みで伝わる単語

PASION：情熱・パッションの意。発音は「パシオン」。
英語では「PASSION」とつづり「パッション」と発音します。

SUPER：超、スゴイの意。発音は「スーペル」。
英語もつづりは同じですが「スーパー」と発音します。

いかがですか？　英語はスペルを見ただけでは読み方がわからないことがありますが、スペイン語だとローマ字読みでほぼOKなのです。スペイン語は書いた通りに発音します。

英語の単語を覚えた人は、それがスペイン語では全部生きてきます。スペイン語と英語は「インド・ヨーロッパ語族」という同じ系統の言語です（図3－2）。また、スペイン語を話せる人は、ポルトガル語やイタリア語が何となく理解できるといわれます。それは、スペイン語をはじめフランス語やイタリア語、ポルトガル語などのヨーロッパで使われている言葉は、イタリック語派の「ロマンス諸語」という同じ言葉のグループに属しているのでよく似ているのです。

ロマンス諸語は、かつてローマ帝国で公用語として使われていたラテン語の口語から派生した言語で、さらに

「東ラテン語族」と「西ラテン語族」の2つの語族に分かれています。この2つの語族には、名詞を複数形にする際に次のような大きな違いがあります。

●東ラテン語族：
主に語尾に母音を付加する

●西ラテン語族：
主に語尾にsを付加する

英語ではご存知のように、名詞を複数形する際は主にsを付加します。それに対して、同じゲルマン語派の「西ゲルマン語群」に属するドイツ語では、名詞の複数形は語尾にe、er、en、オランダ語では語尾にenを付加しま

図3-2　インド・ヨーロッパ語族の主な言語

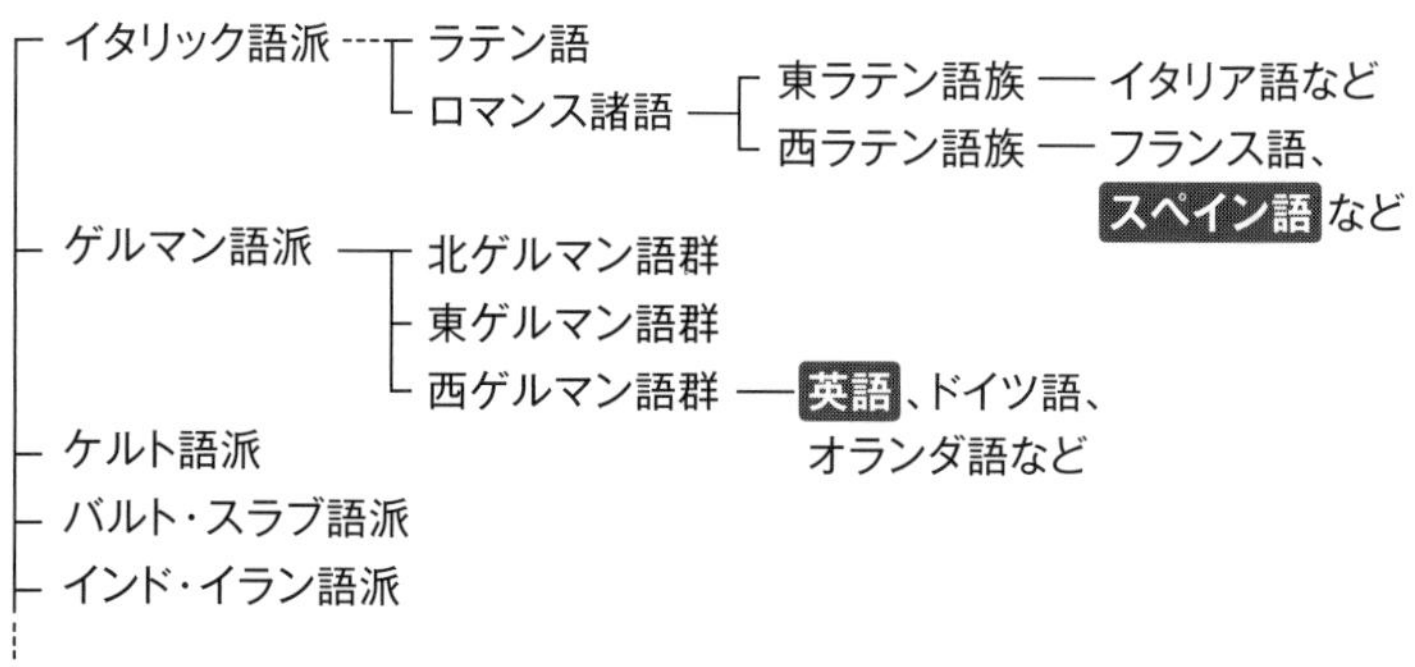

す。この名詞の複数形こそが、英語と西ラテン語族との共通点の1つなのです。

英語はラテン語の影響を受けています。同じ語群に属するドイツ語やオランダ語との違いが生まれた背景には、11世紀に起こった「ノルマン・コンクエスト」が関係しています。ノルマン・コンクエストとは、フランスの北西部にノルマン人が建国したノルマンディー公国のギヨーム2世が行ったイングランド征服のことで、1066年の戦いの勝利によって、イングランドはノルマン人に支配されることになりました。

ギヨーム2世は、イングランド王ウィリアム1世として即位しノルマン朝を開きます。イギリスの歴史の中で外国勢力の侵攻征服が成功した数少ない事例です。これにより、イギリスの支配階級がフランス語を話すノルマン人で占められたことから、英語にはフランス語やラテン語から語彙が大量に取り入れられました。その結果、英語は西ゲルマン語群でありながら、西ラテン語族の特徴を多く持つ言語となったのです。

もともとスペイン語とフランス語には共通点が多いことから、フランス語の影響を受けた英語には、間接的にスペイン語と似たような単語が多くあります。スペイン語の単語を覚える際、英語に似た単語だということがわかっていれば、意味をスムーズに覚えられるはずです。

スペイン語と同じ、またはほとんど似たような英語の単語には、**表3-1**のようなものがあります。スペイン語が語源の州名・都市名もあわせてご紹介します（**表3-2、表3-3**）。

表3-1　スペイン語と英語で似ている単語

意味	スペイン語	英語
ホテル	hotel	hotel
アルコール	alcohol	alcohol
カメラ	camera	camera
警察	policía	police
銀行	banco	bank
歴史	historia	history
芸術	arte	art
海岸	costa	cost
液体	líquido	liquid
情報	información	information
駅	estación	station
攻撃	ataque	attack
女優	actriz	actress
コーヒー	café	coffee
お茶	té	tea

表3-2　スペイン語が語源の州名

州名	意味
California（カリフォルニア州）	天国に近い
Colorado（コロラド州）	色のついた、赤い
Florida（フロリダ州）	花のような
Montana（モンタナ州）	山
Nevada（ネバダ州）	雪のように白い

表3-3　スペイン語が語源の都市名

都市名	意味
Los Angeles（ロサンゼルス）	天使
Las Vegas（ラスベガス）	肥沃な草原
Santa Maria（サンタマリア）	聖母マリア
Santa Fe（サンタフェ）	聖なる信仰
San Francisco（サンフランシスコ）	キリスト教の聖人・聖フランシスコ
Sacramento（サクラメント）	秘跡（見えない神の恩恵のしるし）

英語に挫折した人は、スペイン語から学べば英語上達も早い

ボク自身も20代のころ英語に挫折しました。英語アレルギーにもなりました。帰国子女みたいに話せないことがめちゃくちゃ悔しく、英語にはもう関わりたくないとも思いました。パーティー会場で無視されたことや、CAさんに通じなかったこと、アメリカ人に英語で話しかけると嫌な顔をされたことなど、思い出しただけでも苦い汁が腹の底から込み上げてきます。

しかし、英語に挫折したことが、ボクをスペイン語へと向かわせるキッカケになりました。第2外国語はフランス語で、日本人の先生でした。その先生に

「現地へ行ってみて来い」

と言われ、ボクは素直に「はい」と答えました。

まずはフランスへ行き、パリに1週間滞在しました。勉強したフランス語を使いたい、せっかく来たのだから使わなければもったいないという思いがありました。

シャンゼリゼ通りのカフェでさっそくフランス語を使ってみました。ウェイターさんにフランス語で「トイレ、どこですか?」と聞いたのです。ドキドキでした。しかし、帰ってきた答えが「2階です」と日本語でした。「メニューください」とフランス語で一生懸命話しても、ことごとく日本語で応じられたのです。ショックでした。情けないやら、悔しいやらで、顔を赤くして早々にカフェを後にしました。

フランス人はフランス語に誇りを持っているので、下手なフランス語を聞くとイライラするそうです。フランス人に対して片言のフランス語を使うと、喜ばれるどころか嫌がられるのです。フランス人はボクになかなか練習させてくれませんでした。

そこで、先生に再度指導を受けると「アフリカのフランス語圏もいいよ。アフリカのほうが物価は安いし、植民地化した国とされた国の両方見たほうがいい」と言われました。

そして、ボクが初めて行ったアフリカの国はセネガルでした。先生の知り合いがセネガルにいて、タダでホームステイさせてもらったのです。

首都ダカールからかなり離れた奥地の田舎、電気もガスも水道もない場所です。川が生活の源、体も服も川で洗います。動物も川で洗う。当時の自分にはスゴイ刺激でした。

早く帰りたいと思いながら1カ月半生活しました。フランス語はさほど上達しませんでしたが、いい経験ができました。

その後、先生から「いろんな国に行け」と言われて行ったのが、コロンビアでした。コロンビアにもその先生の知り合いがいて、タダでホームステイさせてもらったのです。フランス語もスペイン語も親が同じ兄弟のような言語。関西弁と関東弁みたいなもの。何とかなるだろうと軽い気持ちでいました。

そして、行ってみたら、このコロンビアにボクは魅了されたのです。何がスゴイかというと、美人が多い。セネガルに比べると街もキレイでした。

南米では3Cといって、Cからはじまる国は美人が多いといわれています。コロンビア、コスタリカ、チリです。ミスユニバースなどでも、この3つの国は有名です。混血が進んでいるからでしょうか、魅惑的な美人がたくさん街を歩いていました。

コロンビアで2番目に大きな街「メデジン」に1カ月半住んでいました。そこで、初めてスペイン語を学びました。スペイン語は、フランス語と文法が同じところがたくさんあります。フランス語の発音は大変ですが、スペイン語だと簡単です。

街のカフェで勉強していると美人がたくさん通っています。そして、な、な、なんと、向こうから近づいてきて、話しかけてくるのです。

「どっから来たの？」

「日本から」

というと喜ばれました。アジア人が少ないので珍しがられたのでしょう。

「手伝おうか」と向こうから言ってくるのです。アメリカ人やフランス人とはえらい違いです。こっちがタドタドしい言葉で話しても、ずっと笑顔で待ってくれました。さらに、驚いたことに向こうから「週末、別荘でパーティーやるから来ないか」とボクを誘うのです。

そのときのボクの心境を想像してみてください。これまで英語を話そうと必死になって外国人の参加するパーティーへ行っていたら、発音がおかしいと無視されたのです。飛行機に乗ったらCAさんに困った顔をされるし、アメリカのホテルではいかにも迷惑がられてうんざりされたのです。フランスでは、こちらがフランス語を話しているのに日本語で応じられたのです。

そんな屈辱を経験してきたボクがコロンビアでは、美女たちがスペイン語の勉強に付き合ってくれて、しかも別荘のパーティーに誘ってくれたのです。「コロンビア人ともっと仲良くなりたい」と思い、がぜん、勉強意欲が湧いてきました。

南米の人々は、たいがいはこんな感じです。嘘ではありません。実際に行ってみてください。このラテン系の人間性は、ボクたちの持っている言葉の精神的な壁を気軽に飛び越えてくれるはずです。

世界ではスペイン語人口が圧倒的に多い

ネイティブスピーカー数が多い言語を順に挙げると、スペイン語は4位となっています。

1位は中国語、2位は英語ですが、どちらも年々減少傾向にあります。ちなみに、3位のヒンディー語は、インドの人口が増加しているからです。

スペイン語を母語とする人は毎年増加しており、2016年〜2017年の間では約500万人も増えました。

第2言語としてスペイン語を話す人を含めると、その数は5億人以上になるともいわれています。

〈ネイティブスピーカー数が多い言語ランキング〉

①中国語　13億7000万人
②英語　5億3000万人
③ヒンディー語　4億9000万人
④スペイン語　4億2000万人

英語は、残念ながらほとんどの日本人の脳では言語として認識できません。そのことは、すでにお話ししました。

1位である中国語ですが、欧米やアジア諸国に行って中国人以外の人と中国語で話ができる国はなく、グローバル言語とはいえません。さらに、あまりにも多すぎる

400もの音（音節）が日本人の脳にとっては複雑すぎて、言語として認識するのに大変な労力が必要であるため、中国語は日本人にとって習得が難しい言語の1つなのです。

世界的にも中国語を学ぼうという欧米人は少なく、むしろスペイン語を学ぶ人が多いのが現実です。スペイン語は、世界20カ国以上という広大な地域で、4億人以上が話している言語なのです（表3－4）。

2015年の時点で、世界人口の6・7％がスペイン語を話していたというデータがあります。このままで推移すれば、3、4世代後には10％を超える見込みです。つまり、近い将来「世界人口の10人に1人はスペイン語を話す」という時代がやってくるのです。

すでに欧米社会では、英語の次に学ぶべき言語はスペイン語であるという認識が常識になっています。たとえば、イギリスの英語教育を推進する公的機関であるブリティッシュ・カウンシルが発表した報告書『未来の言語（Languages for the future）』によると、英国人の将来のために学ぶべき外国語1位として選んだのは「スペイン語」でした。

さらにスペイン語は、人口、話される国の数、国民総生産（GDP）、輸出入、翻訳の数、国連での認知度などを総合的に判断して評価される「国際社会で重要な言語」ランキングでは世界2位と、英語に次いで重要な言語となっているのです（出典：セルバンテス文化センター）。

表3-4　スペイン語の話者数（国別）

1.	メキシコ	1億1957万人
2.	コロンビア	4885万人
3.	アルゼンチン	4385万人
4.	アメリカ	4293万人
5.	スペイン	4285万人
6.	ベネズエラ	3058万人
7.	ペルー	2756万人
8.	チリ	1740万人
9.	エクアドル	1606万人
10.	グアテマラ	1295万人
11.	キューバ	1139万人
12.	ドミニカ共和国	933万人
13.	ボリビア	925万人
14.	ホンジュラス	875万人
15.	エルサルバトル	633万人
16.	ニカラグア	604万人
17.	コスタリカ	491万人
18.	パナマ	377万人
19.	プエルトリコ	338万人
20.	ウルグアイ	340万人

アメリカといえば英語だと思う方がほとんどだと思います。世界一の経済大国であるアメリカが英語だから、世界中が英語を話し、日本でも英語の教育が行われている、と誰もが考えると思います。

しかし、この流れは大きく変わりつつあります。

「ヒスパニック」という言葉を聞いたことがありますか？　大辞泉によれば、「ヒスパニック」とは「米国でスペイン語を話すラテンアメリカ系市民」と定義されていますが、スペインや中南米からの移民とその子孫であるヒスパニック人口は、2010年のアメリカ国勢調査では5000万人超で増加を続け、アメリカ黒人を抜いて、米国最大のマイノリティとなっています。

また、ヒスパニックは高い出生率と移民を背景に、将来的には白人を抜いて、マジョリティになることも予測されています。

ラテン語を源とするヨーロッパの言語に通じる

ラテン語というのは、もともとは古代ローマ帝国の公用語として普及した言語です。

ローマ帝国が滅亡したのちにもカトリック教会の公用語としてヨーロッパ各地に広まり、中世には中世ラテン語として発展しました。

中世ラテン語は、ローマの支配に服したことのないアイルランドやドイツなどの地域にも広まっていきます。その後、ラテン語は、ギリシア語やゲルマン語などと融合していきました。

現在でもラテン語は、バチカンの公用語になっていますが、日常ではほとんど使われません。

中世において学術関係の書物はラテン語でした。この習慣はいまでも残っていて、生物の学名や元素の名前などは、ラテン語を使っています。

口語ラテン語のことを「俗ラテン語」といいます。俗ラテン語から派生したのがロマンス諸語です。ロマンス諸語が東ロマンス語（イタリア語・ルーマニア語）と西ロマンス語（フランス語・スペイン語・ポルトガル語）と分類されます。

英語、ドイツ語、オランダ語はゲルマン語派に分類されますが、ラテン語の影響を大きく受けています（図3－2参照）。

ヨーロッパで使われている言語は、大なり小なり、ラテン語の影響を受けているので、どこか似ている部分があります（図3-3）。

ヨーロッパには225の固有の言語があり、これは世界の言語の約3％に相当します。多種多様な言語が存在していますが（表3-5）、根っこは同じラテン語から派生していますので、1つの言語を習得すれば、あとは簡単に身につけることができます。

そこでおススメしたいのが、日本人にとって最もなじみやすいスペイン語なのです。

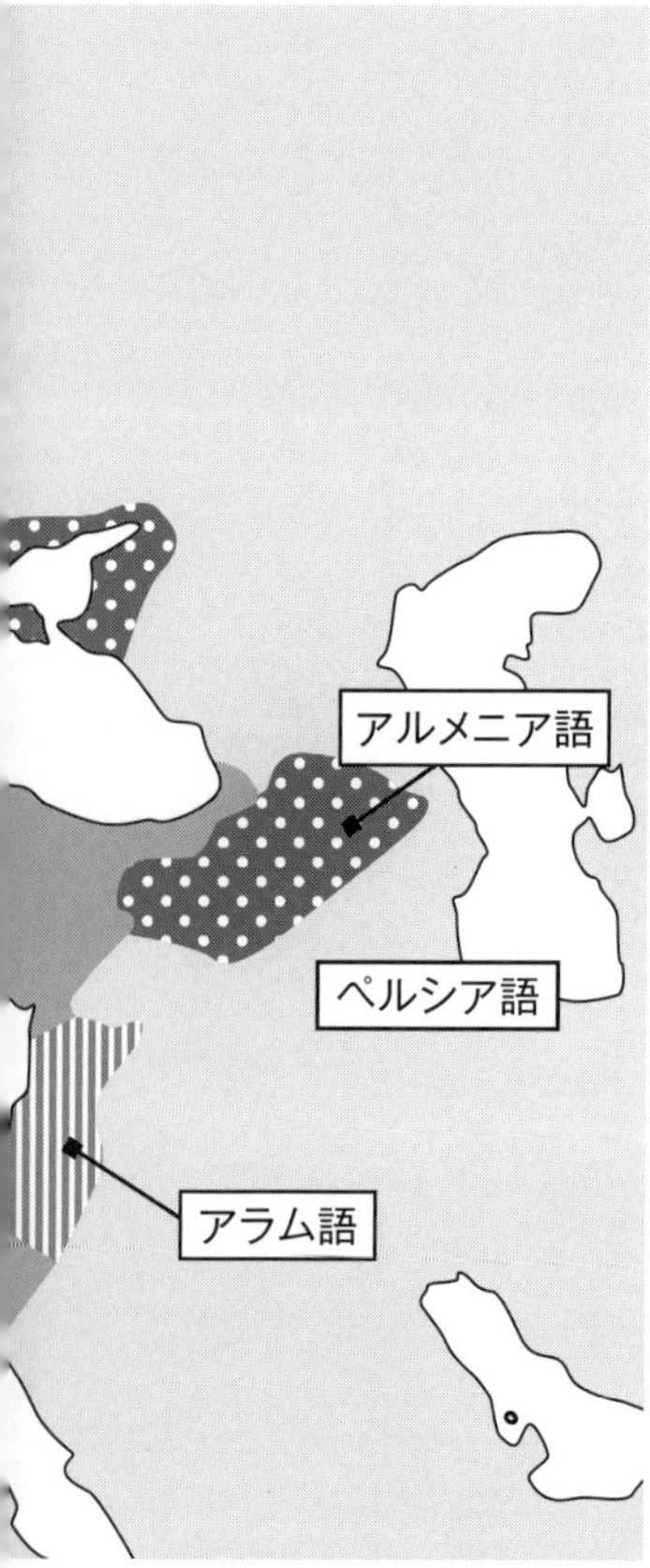

図3-3　ラテン語の影響を受けているヨーロッパの言語

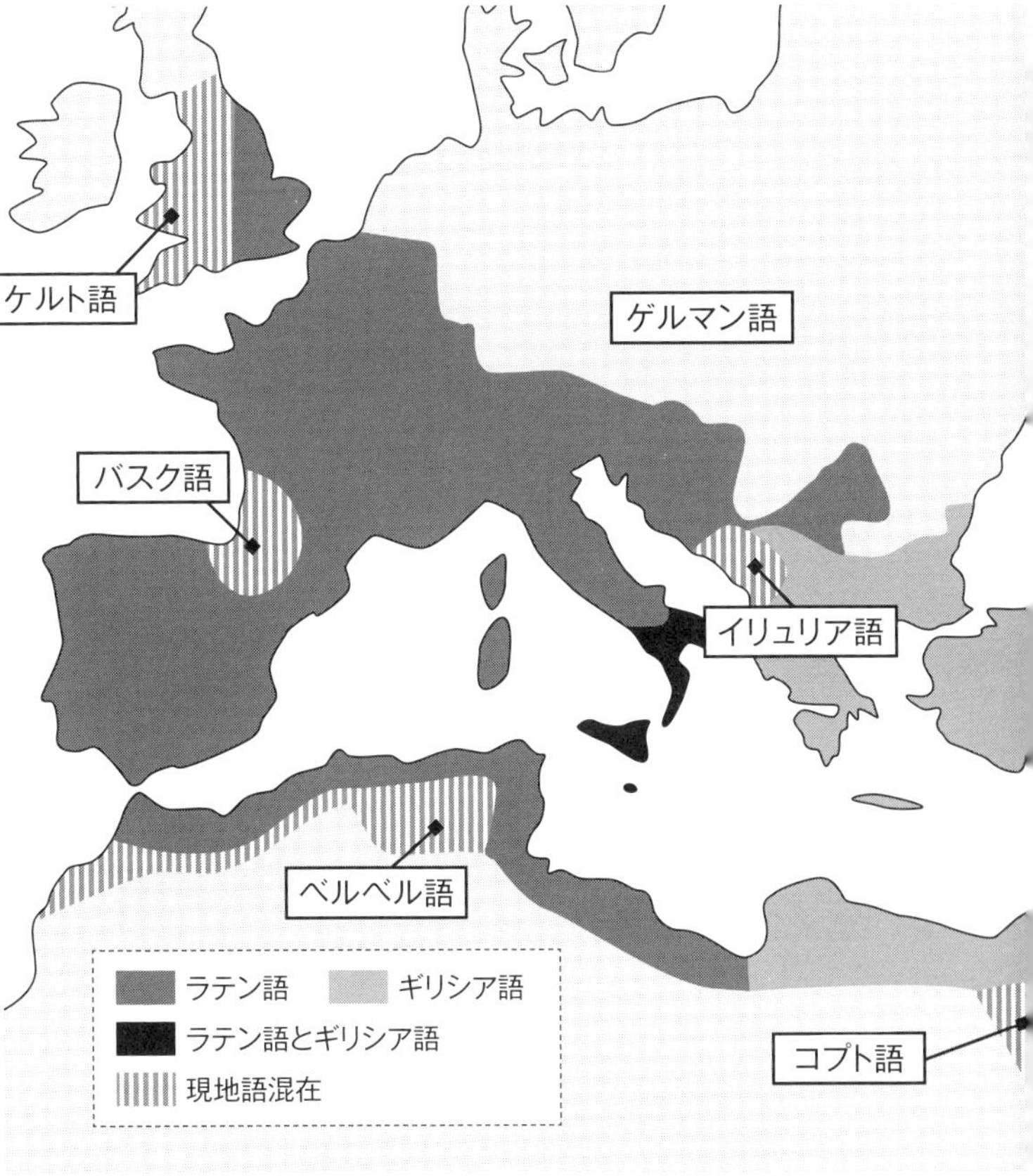

表3-5　ヨーロッパ各国の主要言語と人口

国名	主要言語	人口（万人）
アイスランド共和国	アイスランド語	34.8
アイルランド	アイルランド語、英語	492
アゼルバイジャン共和国	アゼルバイジャン語	1,000
アルバニア共和国	アルバニア語	286
アルメニア共和国	アルメニア語	290
アンドラ公国	カタルニア語、スペイン語、ポルトガル語、フランス語	7.6
イタリア共和国	イタリア語	6,060
ウクライナ	ウクライナ語、ロシア語	4,205
ウズベキスタン共和国	ウズベク語、ロシア語	3,280
グレートブリテン及び北アイルランド連合王国（英国）	英語	6,600
エストニア共和国	エストニア語	132
オーストリア共和国	ドイツ語	880
オランダ王国	オランダ語	1,738.4
カザフスタン共和国	カザフ語、ロシア語	1,860
北マケドニア共和国	マケドニア語、アルバニア語	2.0
キプロス共和国	ギリシャ語、トルコ語	119
ギリシャ共和国	現代ギリシャ語	1,074
キルギス共和国	キルギス語、ロシア語	620

国名	主要言語	人口（万人）
クロアチア共和国	クロアチア語	409.6
コソボ共和国	アルバニア語、セルビア語	180.5
サンマリノ共和国	イタリア語	3.3
ジョージア	ジョージア語	390
スイス連邦	ドイツ語、フランス語、イタリア語、ロマンシュ語	854
スウェーデン王国	スウェーデン語	1,022
スペイン	スペイン語	4,693
スロバキア共和国	スロバキア語	545
スロベニア共和国	スロベニア語	207
セルビア共和国	セルビア語、ハンリー語	712
タジキスタン共和国	タジク語、ロシア語	930
チェコ共和国	チェコ語	1,064
デンマーク王国	デンマーク語	581
ドイツ連邦共和国	ドイツ語	8,315
トルクメニスタン	トルクメン語、ロシア語	590
ノルウェー王国	ノルウェー語	532.8
バチカン	ラテン語、フランス語、イタリア語	615（人）
ハンガリー	ハンガリー語	980
フィンランド共和国	フィンランド語、スウェーデン語	551

国名	主要言語	人口(万人)
フランス共和国	フランス語	6,699
ブルガリア共和国	ブルガリア語	708
ベラルーシ共和国	ベラルーシ語、ロシア語	949
ベルギー王国	オランダ語、フランス語、ドイツ語	1,149.2
ボスニア・ヘルツェゴビナ	ボスニア語、セルビア語、クロアチア語	332.3
ポーランド共和国	ポーランド語	3,839
ポルトガル共和国	ポルトガル語	1,027
マルタ共和国	マルタ語、英語	43
モナコ公国	フランス語	3.8
モルドバ共和国	モルドバ(ルーマニア)語、ロシア語	268.2
モンテネグロ	モンテネグロ語、セルビア語	62
ラトビア共和国	ラトビア語	193
リトアニア共和国	リトアニア語	281
リヒテンシュタイン公国	ドイツ語	3.8
ルクセンブルク大公国	ルクセンブルク語、フランス語、ドイツ語	61.3
ルーマニア	ルーマニア語、ハンガリー語	1,976
ロシア連邦	ロシア語	14,680

(外務省ホームページより)

アメリカの3分の1はヒスパニック系

アメリカ国勢調査局によれば、2050年にはアメリカ国内におけるヒスパニック人口は1億3280万人を超え、アメリカ総人口の30%を占めることになるだろうと予測されています。つまり、アメリカ人の3人に1人はヒスパニックとなり、スペイン語を話すようになるのです。

実際、すでにこの傾向は顕著です。ボクが日本とコロンビアを往復する際はアメリカ経由が多いのですが、ロサンゼルス空港、ニューヨーク空港、ヒューストン空港などの主要国際空港では、空港内のほとんどすべての標識が英語とスペイン語の両方で表示され、アナウンスも英語とスペイン語で2回行われています。

ボクも乗り継ぎの際、「アメリカだから英語ができないと不便かな?」と初めのころはドキドキしていました。しかし、いままで何十回とアメリカを通っていますが、ほとんど英語を使ったことはありません。入国審査官はコロンビア永住権ビザが貼ってあるボクのパスポートを見ると「スペイン語話せるの？」とスペイン語で話しかけてきますし、セキュリティーチェックや各所で見かける職員同士の会話に耳をすませば、スペイン語が飛び交っています。

レストランなどでは、ウェイターさんにスペイン語で話しかけると、ヒスパニックの方の場合は喜んで、メニューを一品サービスしてくれることがあります。ニューヨークのレストランの行く先々でそんな楽しい出会いがありました。ヒスパニック系の人々は陽気で人懐っこく、気軽に誰とでも友達になれる性格の人が多く、日本人のボクでもすぐに打ち解けて話すことができます。

オフィスワーク以外はヒスパニックが多くて、ウェイターやホテルのボーイはほとんどがヒスパニックです。彼ら同士で話すときはスペイン語で話しているのですぐにわかります。

ニューヨークのホテルでもスペイン語が聞こえたので、スペイン語で話してみたら会話が弾んだことが何度もあります。「コロンビアに住んでるんだよ」というと喜んでくれ、割引サービスまでしてくれました。

いまやアメリカでは、スペイン語ができれば英語を使う必要がないくらいにまでなってきているのです。

ヒスパニックの割合の高いカリフォルニア州やフロリダ州などでは、ヒスパニックのための社会インフラが整いつつあります。社会生活を営むための英語を十分に駆使できないヒスパニックのために、スペイン語による授業、公共施設の表示、説明書などの社会インフラ整備が進められていて、スペイン語が英語に次ぐ第2言語になっています。

中学・高校などの外国語教育で、スペイン語を選択するアメリカ人も多くなっています。以前、ヒスパニックは英語が十分に駆使できないという理由から差別を受けていましたが、最近ではスペイン語表示が選択できるウェブサイトを用意している企業もあり、スペイン語の歌詞が含まれるポピュラー音楽もヒットチャートを賑わせています。

アメリカが大きく変わりつつあるということです（表3－6）。

表3-6　アメリカにおけるヒスパニックの出身地域
（自己アイデンティティ別）

国名	人口（人）	割合（%）
メキシコ	29,189,334	64.3
プエルトリコ	4,114,701	9.1
キューバ	1,608,835	3.5
エルサルバドル	1,473,482	3.2
ドミニカ共和国	1,198,849	2.6
グアテマラ	859,815	1.9
コロンビア	797,195	1.8
ホンジュラス	527,154	1.2
エクアドル	523,108	1.2
ペルー	470,519	1.0
スペイン	353,008	0.8
ニカラグア	306,438	0.7
アルゼンチン	194,511	0.4
ベネズエラ	174,976	0.4
パナマ	138,203	0.3
コスタリカ	115,960	0.3
チリ	111,461	0.2
ボリビア	82,434	0.2
ウルグアイ	48,234	0.1
パラグアイ	20,432	0.04
その他の中央アメリカ諸国	111,513	0.2
その他の南アメリカ諸国	77,898	0.2
その他	2,880,536	6.3
合計	**45,378,596**	

まずはスペイン語が話せるようになって自信をつけよう

ボクがスペイン語を勧める一番の理由は、スペイン語でまずは自信をつけていただきたいからです。**スペイン語を学べば必ず自信がつきます。英語よりもフランス語よりも、スペイン語のほうが絶対に簡単ですから。**

何よりもスペイン語圏の人たちは人懐っこくて、向こうから話しかけてくれます。この人間性が素晴らしいのです。語学は使うということが大事です。使って初めて上達するわけですから、外国人とどんどん話す必要があります。

英語圏やフランス語圏の人たちは、それぞれの言語を使わせてくれず、かなり冷淡な態度です。日本人が英語に挫折する理由の1つはそこにあると思います。

日本人の持っている文化的マインドにも問題があります。たとえば、街で道に迷っている外国人、とくに白人や黒人に英語で急に話しかけられると、多くの日本人は焦ってしまいます。相手がせっかく片言の日本語で話しかけているのに、逃げ出す日本人もたくさんいます。

ところが、見かけがアジア人で、韓国語や中国語で話しかけられると「なに言ってんだよ、ここは日本なんだから日本語を話せよ」とちょっと横柄な態度で接してしまうのです。そんな人でも、同じアジア系の人が英語を話し出すと、とたんに弱腰になってしまいます。日本人って不思議ですよね。

どうも、ボクたち日本人は英語圏の人たちに、なんともいえない歪んだ劣等感のようなモノを持っているようです。つまり、英語がしゃべれないことは恥ずかしいことだという気持ちが隠れているのです。

英語は日本の中学・高校と6年間学ぶほか、小学校でも英語の授業が実施されるようになりました。韓国語も中国語もロシア語もイタリア語もフランス語も、この間はまず学びません。だから、他の言語が話せなくても平気ですが、こと英語となると「学校でこんなに学んだくせに、ちっとも話せない」という心理がニョキニョキと顔を出すわけです。これは逃げようのない劣等感になります。

この劣等感を克服するには、日本人の耳では聴き取りにくい英語を必死になって学ぶしかありません。しかし、英語圏の人々は日本人に冷淡です。

一方、スペイン語圏の人たちは向こうから話しかけてくれますし、ゆっくりしゃべってくれたりします。中南米の人たちを練習台にすればいいのです。彼らは喜んで付き合ってくれます。話せる喜びと、通じたという喜びが大きな自信になりますし、もっと話したい、もっと学びたいという向上心につながり、好循環が生まれます。そして、スペイン語で自信がついたら、英語も話せるようになります。

日本人が英語ができない理由の一番は、「外国人が怖い」ということ。心の壁が大きいのです。この心の壁をスペイン語はいとも簡単に取り除いてくれます。中南米の人たちと話せるようになると、怖いという気持ちがなくなります。

スペイン語を学べば自信がつきますので、次のような図式が成立するのではないでしょうか。

「外国語への自信がつく」➡「外国人への恐怖心がなくなる」➡「英語が上達する」

Columna

毎月コロンビアの自宅で開く交流会

ボクには使命があります。学生時代に語学に興味を持ち、英語に挫折し、フランス語に挫折し、たどりついたのがコロンビアでした。そしてスペイン語を習得し、総理大臣の通訳を務めるまでになりました。そして、いま、コロンビアに住んでいます。

ホントに不思議なことです。人間は自分の人生の青写真を作ってから生まれてくるといわれています。ボクの人生はどんな青写真を描いてきたのか考えてみました。

ボクは語学に興味を持ったにもかかわらず、英語もフランス語も苦手でした。そんな語学音痴が、いまスペイン語を習得して人にスペイン語を教えるまでになったのです。これは何か意味のあることだなと思い、ボクはコロンビアに骨を埋める覚悟をしました。

「ボクの使命は、中南米と日本をつなぐ懸け橋になることだ」と思ったのです。

もしもボクのように世界各地に日本と外国をつなぐ懸け橋になろうという人が誕生したら、いまよりもっと素晴らしい世界になると思いませんか？

\ Columna /

毎月コロンビアの自宅で開く交流会

日本の伝統文化が世界中の人々に理解されたら素敵なことですよね。「おもてなしの心」や「もったいない精神」「礼儀正しさ」「強きをくじき弱きを助ける」など、大和魂や大和撫子の精神が世界中に広まったら、世界は平和になるんじゃないかなぁと思います。

そういう思いを込めて、ボクは自宅で、毎月、地元の人たちを集めて交流会を開いています。中南米では、アニメや漫画など日本の文化が注目されています。世界ツアーをしている日本のミュージシャンたちは、中南米でも人気があります。

近所の電化製品の店に買い物に行ったとき、「アジアが好き」という人が接客してくれたり、女性の爪にネイルアートで日本のマークがあったりして、日本人はけっこう人気なのです。そういう人たちを自宅に招待しています。

最初のころは、1人か2人くらいしか参加者はいませんでしたが、いまでは20人を超えるまでになりました。ボクの家で、日本の文化や哲学を紹介しています。その日その日でテーマが変わるのですが、みなさん楽しみにしてくれています。日本のお菓子やお茶などを出すと喜ばれます。

ボクたち日本人の生き方には、海外の人々をびっくりさせるようなことがたくさんあります。中南米はキリスト教の根強い地域です。原罪の考え方があって、みんな罪を持って生まれて来るのです。苦しむために生きているようなもので、神がいいといえば罪を許されて天国へ行くし、神が許してくれなかったらダメなわけです。

日本人にそんな考え方はありません。幸不幸の原因はすべて自分の中にあるわけですから。「すべて自分で選んでいるんだよ」と、そんな斬新な考え方を聞いた彼らは、活力を得て帰っていきます。

これからもこの交流会は続けていこうと思っています。あなたもぜひ、世界へ飛び出して、日本との懸け橋になってみませんか？

第4章

ボクがスペイン語を話せるようになった6つの理由

スペイン語に目をつけたキッカケ

ボクがスペイン語を学ぶようになったいきさつは、ここまで何度かお話ししてきました。もともと第2外国語がフランス語だったこと、フランス語とスペイン語は似ていること、フランス語の先生からコロンビアへ行くように言われて先生の知人宅にホームステイしたこと、アメリカ人やフランス人は冷淡でしたが中南米の人々は優しく教えてくれたこと、おまけに美人が多いことなどです。

スペイン語を学ぶうちに、直感のようなものが降りてきました。それは「21世紀は中南米の時代だ！」ということです。ビビッと来たとしか言いようがないのですが、コロンビアに滞在しているときに突然、そういう考えに取りつかれはじめたのです。

中南米の魅力は人です。人を大事にする、家族を大事にする精神風土があります。中南米には第一次世界大戦も第二次世界大戦もありませんでした。平和な人々が住んでいる地域なのです。

明治維新を迎え、長く鎖国をしていた日本は開国しましたが、欧米列強と不平等条約を結ばされていました。貿易などで日本が不利になる条約です。そんな時代の1888（明治21）年、アジア以外で初めて日本と対等な条約を結んでくれたのはメキシコでした。

19世紀末〜20世紀初めころ、多くの日本人が中南米へ移住しました。そのころの日本は貧しかったのですが、中南米の国々は農産物がたくさん獲れて豊かでした。中南米での成功を夢見て、多くの日本人が移住したのです。

そんな移民の子孫（日系人）がいまも中南米に住み、その数は約211万人にもなるそうです。世界には約380万人の日系人がいて、その半数以上が中南米諸国で暮らしていることになります。中南米の日系人は政治、経済など幅広い分野で活躍していて、中南米と日本の関係強化にも貢献しています。

第二次世界大戦で敗戦国となった日本ですが、国際社会への復帰を助けてくれたのが中南米の国々でした。1956（昭和31）年、中南米の多数の国が賛成してくれて日本は国連に加盟することができたのです。

また、戦後、食料や生活用品が不足してしまった日本に、アルゼンチンなど中南米の国々が積極的に援助物資を送ってくれました。

中南米と日本は歴史的に見ても深いつながりがあります。調べるうちにボクは中南米が大好きになりました。そして「ボクは中南米と日本の懸け橋になる！」と決めたのです。この使命感がとてつもないモチベーションとなりました。

スペイン語にしてもフランス語にしても英語にしても、すべての言語は道具です。板前さんが持つ包丁や大工さんが持つノコギリと同じです。道具ですから、何を作るのかという目的が必要です。この目的意識のある人とない人とでは、言語の習得スピードが全く違います。

「言語という道具を使って、あなたは何を作ろうとしているのですか？」

そのことを自分に問いかけてみてください。

なかなか答えが出てこないかもしれませんが、それでもいいのです。答えが出ないからといってあきらめないでください。問いかけ続ければ、必ず答えが浮かんできますから。

何度も繰り返し問いかけると、人間の脳はその問いを潜在意識にインプットします。

潜在意識にインプットされた質問は、脳がそのことを忘れているときでも考え続けているのです。そしてあるとき、直感やインスピレーションという形で、その答えを表面化してきます。

テレビドラマを見ていて「この女優さんの名前は何だったかな？」と考えてしまう、こんな経験はありませんか？　いくら考えても思い出せませんが、番組が変わってトイレへ行き、手を洗っているときに、ふと「あ、石原さとみだ！」と思い出すのです。つまり、自分が忘れていても、脳はちゃんと考え続けているということですから、次の問いかけをあきらめずに続けてみてください。

「外国語を学ぶのは何のため？」

質×1日の量×継続期間

ボクがアカデミーで「トライアングルメソッド」とよんでいるものがあります。トライアングルとは、**外国語学習の3要素である「正しい勉強法」「目的」「期限」**のことです。とくに、正しい勉強法は最も重要です。ムダな勉強をしていると、いくら時間をかけても習得できません。質の高い勉強をする必要があるのです。

たとえば、1字1句を日本の言葉に置き換えていく「訳読法」という学習法があります。日本の学校教育では、いまでもこのメソッドが主流であり続けています。「訳読法」の欠点は、文法と語彙に極端な比重が置かれているので、口語によるコミュニケーション能力はつきません。つまり現場で使えないということなのです。

「オーディオ・リンガル・メソッド」というのもありました。文型練習とドリルを多用し、視覚よりも耳から入ってくる音を重視し、繰り返すという学習法です。文法をほぼ完璧に習得した人ならば有効なのですが、そうでない人には退屈なだけで、忙しい現代人には向かない学習法です。

あと、英会話教室で「全員外国人」というキャッチフレーズがありますが、こちらもオススメできません。ごく一部を除いて、ほとんどの外国人講師は日本語についての分析能力を持っていないからです。日本人がその言語のどこを理解しにくいのか、どのようにしたらよい発音ができるのか、彼らは適切に指導ができないのです。

ボクがアカデミーで教えている勉強法は、次の5つのステップで構成されています（**図4－1**）。

図4-1　スペイン語の正しい勉強法

ステップ1 脳に基盤を作る

音声を使って1日15分の勉強を毎日継続することで、脳に基盤を1カ月で作ります。基盤ができれば、あとは楽に進められます。

↓

ステップ2 文法体系の把握

多少消化不良でもいいので、まずは初級文法体系をざっと頭に入れて理解します。そして最小限の単語に触れ、少し語形変化のドリルをやったり、簡単な文を読んだりします。

↓

ステップ3 和文外国語訳の練習

日常生活で、日本語で話していることをスペイン語にする練習をします。

↓

ステップ4 会話練習

音声教材を使って会話文とパターン・プラクティスを脳にインプットしていきます。映画やテレビドラマなども活用します。

↓

ステップ5 外国人との会話練習

ボクの外国人の友人たちが来日したとき、アカデミーの生徒たちと交流の場を持つようにしています。さらには、生徒たちをコロンビアへ招待して、外国人と触れ合う機会を持ってもらっています。

目的と目標を明確にする

外国語を学ぶことが目的になっていると長続きしません。すぐにやる気を失い挫折してしまいます。何度も言いますが、**語学は目的ではなく手段**なのです。語学を使って何をしたいのかを明確にしておかなければモチベーションが持続しないのです。

目的が明確になっていないと、何となく学んでいる感じになります。それでは、ついつい誘惑に負けてしまうのです。

「なぜ外国語を学ぶのですか?」というアンケートを取ってみると、こんな目的が出てきました。

「海外旅行したとき、現地の人と話せたらカッコいいかなと思った」

こんな軽い感じの回答が大半でした。これだと、やろうと思うけどやらないということを繰り返すだけになり、いつしかフェードアウトしていくのです。

ここで、目的の設定方法をお教えします。それは「**自分の生活に密着していること**」

です。何もボクのように「中南米と日本の懸け橋になる」という使命感を持つ必要はありません。そんな大それたことに胸を震わせる人もいれば、逆に腰を引いてしまう人もいますから、自分の生活に密着した目的をもつといいと思います。

たとえば、仕事です。語学を仕事に使うという明確な目的をもつことが一番早いでしょう。仕事はお金をもらいますから、いいかげんなことはできません。ちゃんとやらなきゃとなりますし、生活がかかっています。これで自分は生活するんだとなると、一生懸命になります。

ボクの語学の先生は、最初のころから「スペイン語を使った仕事をしなさい」と言っていました。そして通訳の仕事を紹介してくれたのです。もちろん、未熟で失敗ばかりでしたが、仕事をすれば上達します。

お金をもらえることが嬉しくて「もっと上手になるぞ」という意欲が湧き、気がついたら話せるようになっていました。スペイン語を自然と話している自分がいたのです。先生に「仕事をしていたら話せるようになりました」と報告したら、こんなことを言われました。

「仕事の先にペラペラが待っているよ」

多くの人は、ちゃんと話せるようになってから仕事をしようと思いますよね。実は逆なのです。**ペラペラになったら仕事にしようとするのではなく、仕事をするからペラペラになるのです。**

通訳はフリーランスで働く人が多いので、みんなペラペラ話せるものだと思い込んでいるかもしれません。しかし、実際は未熟な人も多いのです。みんな最初は初心者ですから、当たり前ですよね。

会社だと、新入社員は仕事など何もできません。先輩の仕事を見せてもらい、最初は見よう見まねでやりながら、何度も失敗を繰り返してできるようになっていきます。半年ほどでちゃんと仕事ができるようになり、1年たったら後輩に指導できるようになるでしょう。そんな状態でも、新人のときから給料をもらっているはずです。

語学も同じです。先輩を見ながら仕事の中で学べば、半年くらいでできるようになります。

失敗は怖いしドキドキしますが、思い切って飛び込むことです。仕事にするんだという目的を明確にすると、不思議なくらい外国語が話せるようになります。

時間を作り出す戦略を立てる

「勉強しようと思うな。勉強するな！」

ボクは先輩からそう教わりました。え？　勉強しちゃいけないの？　と思うかもしれませんが、勉強時間を作ろうとすると作れないのです。

外国語は日常の中で自然と話せるようになるものです。あえて勉強時間を作って習得するものではないのです。あなたが日本語を習得したときも、ごく自然に日常生活で使っていたらいつの間にか話せるようになったのではないでしょうか。

スペイン語も同じです。たとえば「おはよう！」と挨拶するとき、「ブエノス、ディアス」と言ってみるのです。**日本で会話していることを、そのフレーズをスペイン語で話してみてください。**わからないフレーズはその場で調べればいいですし、現在はスマートフォンですぐに調べることができます。

これは、毎日の会話の中に練習の機会を取り入れるやり方です。勉強する時間を作り出そうとしなくていいわけです。

音声を聞くのも質の高い勉強法ですが、これも特別に時間をとる必要はありません。通勤時や運転中、家事のときにも聞くことができます。防水機能がついているスマートフォンを使い、お風呂で聞くこともできます。

そんなふうに、**あえて時間を作り出さないで隙間時間を活用して語学を身につける**やり方をボクは推奨します。大事なのは勉強という感覚ではなく、話しているという感覚になることです。

とくに**音声学習は重要です。音のリズムがつかめると、単語を覚えるスピードが明らかに変わります。**音声と語の結合ができるので、脳への定着がスムーズになるのです。文字から入った学習者と音声から入った学習者とを比較すると、圧倒的に音声から入った学習者のほうが習得スピードは速いのです。

とにかく聞くことです。ネイティブスピーカーが話すリズムをきっちりととらえることが「文法」「リーディング」「語彙力」にまでいい影響を与えます。言葉と音声を結びつけることができるからです。

アメリカ英語とイギリス英語は違うとよくいわれますが、音声を聞いてみれば、誰でもはっきりとわかります。映画「ハリーポッター」はイギリス英語、ハリウッド映画の「トイ・ストーリー」はアメリカ英語です。「ハリーポッター」と「トイ・ストーリー」を比較してみればその差は歴然としています。

その他、重要な言葉は強調して発音しますし、疑問文のときの発音や、聞き分けられる音と聞き分けられない音の違いなども、とにかく聞くことで脳に定着していきます。文字を読むだけでは絶対に身につかないことが、聞くことで身につくのです。

日常生活の中で、とにかく聞いて、聞いて、聞きまくる。そんな勉強法をおススメします。

毎日アウトプットする

「アウトプットの法則」というものがあります。コロンビア大学の心理学者アーサー・ゲイツ教授の実験結果です。知識を定着させるには、インプットとアウトプットの比率を3：7にするのがベストだというのです。

え？　と思うかもしれません。日本の学校教育はインプット重視でアウトプットはほとんどされませんので、インプットが7割ではないかと思う人も多いのではないでしょうか。しかし実際は、インプットの2倍以上アウトプットしなければ知識は定着しないのです。

語学も同じです。頭に入れた外国語はどんどんアウトプットしましょう。

ラーニングピラミッドという考え方もあります（**図4－2**）。これは、学習法別に知識の定着率を測定したものです。「講義」はわずか5％です。「読書」は10％。「視聴覚教材を使う」のは20％。ここまでがインプットですが、アウトプットを入れた勉強法として「デモンストレーション」は30％。「グル

図4-2　ラーニングピラミッド

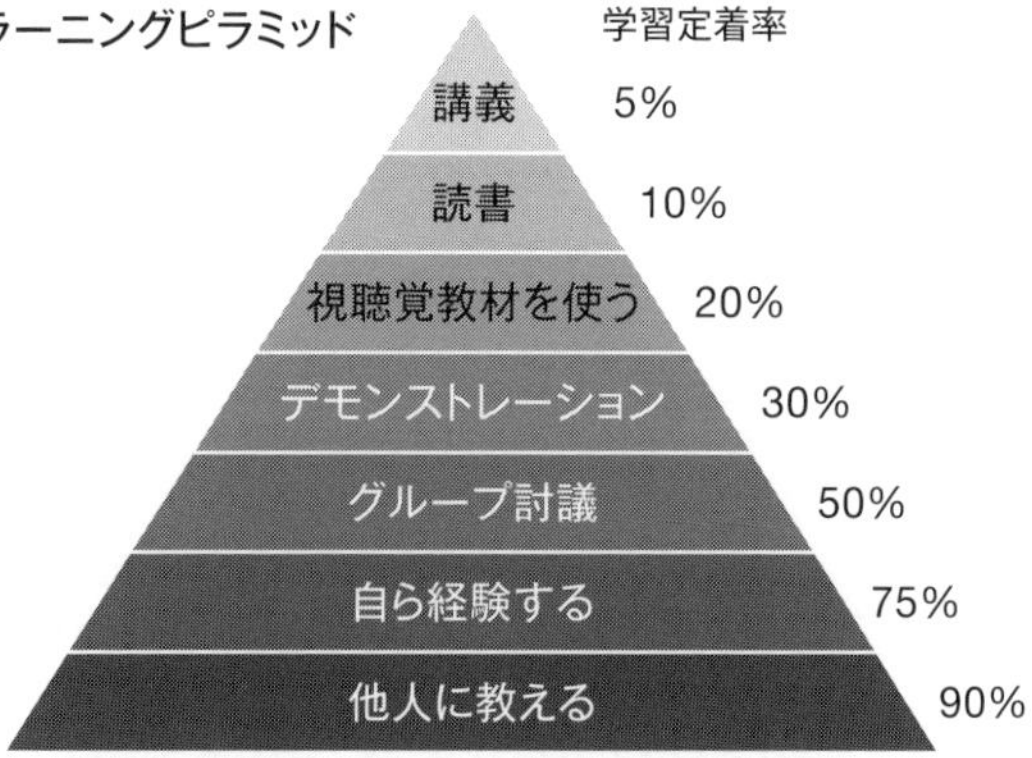

ープ討議」は50％。「自ら経験する」は75％。「他人に教える」のは90％です。

人に教えると、身につくスピードもアップします。教えるためには、こちらも学ばなければいけませんし、どうやって教えればいいかをいろいろと考えますから。

さらに教えていると、相手から「これって、こういうことじゃないですか？」「面白いYouTube動画を見つけましたよ」「こんな話を聞いたことがあります」とか、重要な情報を得ることもあるのです。

ボクもYouTubeやブログを使って、不特定多数の人へスペイン語を教えています。すると、コメント欄にいろんな書き込みがあり、それが案外勉強になるのです。これもアウトプットの大きなメリットだと思います。

初心者にとって、人に教えるのは少しハードルが高いかもしれませんが、とにかく身につけた言葉は日常生活で声に出すようにすればいいのです。相手が日本人だとちょっと恥ずかしいかもしれません。そんなときは、頭の中で出すだけで声に出さなくてもOKです。

とにかく、アウトプットです。覚えた単語でもいいし、例文でもかまいません。映画

のセリフでもいいので話してみましょう。テレビ画面に向かって1人で話しても、公園を歩きながらブツブツとつぶやいてもいいのです。

英会話教室で話すとなると、1週間に1回程度になります。これでは、アウトプットが少なすぎます。3：7の法則を思い出してください。週に1回とか月に1回では上達が遅くなります。目の前に外国人がいるいないにかかわらず、毎日アウトプットするのです。

ボクのアカデミーでは、受講生らがSkypeやZoomなどを使って気軽にスペイン語で会話をしています。そんなふうに同じ志を持った仲間がいると便利です。毎日、1時間、2時間と、世間話をするだけでも、十分にスペイン語が習得できます。

信頼できるメンターを持つ

メンターを持つことは、非常に大事です。もちろん、独学で語学を習得した人はたくさんいます。

しかし、**最速で、しかも最高の質を備えた語学力を身につけるにはメンターは欠か**

せません。ぜひ、よりよいメンターを見つけてください。

ボクが考えるメンターを見つけるときのポイントを3つ挙げておきます。

① メンターの背景があなたの人生を決める

一流のメンターを見つけてください。一流とは、話せない人の悩みがわかっていること、メンター自身も語学を使って世界で活躍していること。

語学の先生で多いのが、ボランティアでこんなことをやっているというパターンです。無償でやっていることを自慢する先生に習うと「ボランティアっていいな、やってみたいな」となるのです。

しかしそれでは、いつまでたっても仕事にはなりません。語学を習得した先にはボランティアしかないと思い込んでしまうわけです。働くためじゃないから意欲も湧かないし、生活が苦しいときは語学が後回しになります。仕事になると思ったら生活が苦しくてもいまやろうとなりますが、ボランティアだとそうはいきません。

つまり、**メンターがあなたの未来になるということ。あなたが選んだ先生が、あなたの将来の姿になるということなのです。**このことは心に刻んでおいてください。

②外国人の先生はなぜダメなのか

外国人の先生はある程度話せるようになってからならいいのですが、初期段階では逆効果になります。できない段階で、外国語を外国語で説明されてもわかりません。初期段階の説明では日本語が必要なのです。

何もわからないときに外国人の先生につくことは意味がありません。以前にも述べましたが、外国人は日本人の気持ちがわかりませんから、どこでつまずいているのか、なぜうまく話せないのか理解できないのです。練習相手になってもらうには最適ですが、メンターにはなり得ないのです。

たしかに、外国人に慣れる必要がありますが順番が違うのです。**初期段階で外国人の先生につくのは時間のムダです。**

③メンターは1人じゃなきゃダメ

とくに初期の段階では、メンターは1人に絞りましょう。先生によって、教え方はさまざまです。「元気ですか」と教える人と「お元気ですか」「ごきげんよう」と教える人とは違います。

中級レベルになるとどっちでもいいのですが、初期レベルだと混乱してできなくなります。ムダな時間を省くためにも、初期段階ではメンターを1人に絞ることをおススメします。

Columna

ノーベル文学賞作家ガルシア・マルケスの生家

ボクは、コロンビアの小説家でノーベル文学賞を受賞したガルシア・マルケスが大好きで、何冊か読みました。『百年の孤独』『族長の秋』『エレンディラ』『予告された殺人の記録』などです。魔術的リアリズムの世界観や独特の文体に引きつけられます。

実はガルシア・マルケスとは、両方とも名字なのです。正式には、ガブリエル・ホセ・デ・ラ・コンコルディア・ガルシア・マルケス。だから、名前は「ガブリエル」ということになります。中南米では「ガボ」という愛称でよばれていました。

２０１４年に87歳で逝去したとき、アメリカのオバマ大統領（当時）が「世界は最も偉大な幻想文学の作家の１人を失った」とコメントしています。ガルシア・マルケスの作品は、寺山修司や中上健次ら日本の作家にも多大な影響を与えています。

ボクは、ガルシア・マルケスの生家を訪ねたことがあります。日本のテレビ番組の取材でコーディネートしたのです。生家が博物館になっていて、そこを訪ねるという

Columna

ノーベル文学賞作家ガルシア・マルケスの生家

内容の番組でした。

彼の生まれた町はすごく田舎です。カリブ海の沿岸地域のアラカタカという人口2万人ほどの村です。道も舗装されていなくて、すごく熱かったのを覚えています。こんな貧しい村で、世界的に有名な小説家が誕生したことが奇跡のように感じられました。

若いころは極貧生活で、大学も中退しています。新聞に記事を書く仕事をしながら、安アパートで貧乏暮らしをしていました。そのころ、カフカやフォークナー、ヴァージニア・ウルフなどを読みあさったといいます。20～30代に自身の文学を確立させたようです。

27歳のとき、彼の収入源だった新聞が独裁者の弾圧によって廃刊になったことで、収入が全くなくなります。極貧のなかで彼は『大佐に手紙は来ない』を執筆します。１９６７年、39歳のときに『百年の孤独』を発表します。この作品がスペイン語圏で「まるでソーセージ並みによく売れた」といわれ、彼は貧乏生活から抜け出すことができました。

そんな彼は

「タイプライター以外で収入を得たことは一度もない」

と言っていたそうです。どんなに貧乏をしても書くことをやめなかったのです。

「ストーリーを語るというのがこんなに楽しいものだなんて、夢にも思わなかったよ。わたしは何かを物語りたいという病気にかかっているんだ」

というくらいですから、どんなに貧乏をしても夢中になって書いたのだと思います。

「鉄は鍛えて打てば剣になる」ということわざがあります。試練や逆境こそが自分を鍛えるチャンスなのです。彼はあきらめず、自分の決めた道から決して逃げなかったのです。彼のおかげでコロンビアが世界の注目を集めるようになりました。

人の力は大きいなと思いました。日本と中南米の懸け橋になるために、ボクにも何かできるはずだと、ガルシア・マルケスの生家の品々を見ているうちに励まされました。

第5章

世界で活躍できるスペイン語

欧米では？

アメリカの空港のアナウンスと表示

飛行機でアメリカに行ったとき、ロサンゼルス、ニューヨーク、ヒューストン、アトランタなどの主要な空港で、最初に目に飛び込んでくる掲示板や案内板、入国手続きなどの表示は、すべて英語とスペイン語で書かれています。

アナウンスもそうです。乗り継ぎのフライト情報、運航の遅延などは、必ず英語とスペイン語の2カ国語で案内しています。

なかでもアメリカが一番注目しているのはスペイン語です。ロサンゼルス市民の49％がヒスパニックだといわれています。約2人に1人がヒスパニックなのです。

街中でもスペイン語が飛び交っています。レストランやカフェに入っても、表向きの「いらっしゃいませ」は英語ですが、従業員同士はスペイン語で話しています。耳をすませばスペイン語ばかりが聞こえてきます。

第5章

世界で活躍できるスペイン語

以前、空港で入国審査官にパスポートを渡したときのことです。仏頂面で座っている審査官はパスポートの写真と本人の顔を1人ひとり見比べて、2、3質問します。ちょっと緊張が走る場面です。長い行列ができていても、審査官はブスっとした顔で、じっくりとお客を睨みます。

「嫌な列に入ったなぁ」と思いました。隣の列はスムーズに流れていましたので「あっちへ並べばよかった」と後悔していました。

何分か待って、ボクの番が来ました。審査官は、浅黒い顔をした大柄な男性でした。見るからにヒスパニック系です。

「これはイケるぞ」

とちょっと希望を持ちました。というのも、ボクはその審査官にスペイン語で話しかけようと思ったのです。

「やあ、こんにちは。よろしくね」

とスペイン語で話すと、二重顎の大きな顔がボクを見てニヤリとするのです。

「え？　お前、どこから来たんだ？」

とスペイン語で話しかけてくるので、ボクは

「コロンビアだよ」

とスペイン語で返しました。

コロンビアに住んでいて、ビジネスでアメリカに来たんだと話すと、

「そうか、そうか、ＯＫ」

と満面の笑みです。

日本人でスペイン語を話すのは珍しいので、審査官はかなり喜んでくれました。それまでブスっとしていた審査官が、急に陽気になったのです。スイッチが入ったみたいにラテン人に変わっていきました。声のトーンも顔の表情も変わり、そのギャップがおかしかったのを覚えています。

不思議なことですが、言語によって人は性格が変わるのです。ボク自身もそうです。日本人のボクが日本語で話すときは、ちょっと几帳面で真面目な性格になりますが、スペイン語で話すときは楽天的で大らかな性格になります。車のハンドルを握ると性格が変わる人がいるのと同じで、話す言語が変わると性格も変わるということが起こるのです。

ところで、日本の空港はどうでしょうか。案内板には日本語と英語、中国語、韓国語の4カ国語が表示してあります。日本人にとっては読みづらくなっていたり、見えにくかったりして異議を唱える人もいるようですが、グローバルとはこうした多様性(ダイバーシティ)を受け入れることだと思います。多数決が常に正しいわけではありません。少数派の人々へどれだけ気づかいと配慮ができるかが重要な時代になっていると思うのです。

ビジネスにおいても、人を大切にする企業が業績を伸ばしています。消費者を数字で分析するようなマーケティングは低迷し、1人ひとりのお客さまに個別に対応している企業が伸びているのではないでしょうか。

ニューヨークのホテルで得をした

ニューヨークへ仕事で行ったときのことです。日本籍の最大の豪華客船といえば「飛鳥II」ですが、その飛鳥クルーズの中南米の航路のガイドをボクが担当していました。カリブ海の航路です。

ニューヨークから一緒に「飛鳥Ⅱ」に乗らなければいけません。7日間の日程です。ドミニカ共和国を経由してパナマ運河を抜けて太平洋へ、そしてコロンビアへと運航します。その行程をボクがツアーコーディネートしていたのです。

海上でガイドするのがボクの役割です。お客さまは世界一周の旅を続けていて、中南米はとくに人気の航路でした。

打ち合わせもありますから、コロンビアを夜中に発ってニューヨークには早朝に着きました。

ホテルに着くと朝7時でした。普通はチェックインできません。午後3時まで待っていなければいけませんでした。荷物くらいは預かってくれますが、シャワーも浴びたいし、仮眠もとりたい。なぜかこの日は、疲れていました。こんな状態ではベロベロのガイドになってしまうかもしれません。マズイ……。

世界一周旅行のお客さまたちが泊まるホテルですから、格式があります。規則は厳しいはず。レストランやカフェとかに入って仮眠していたら、荷物を持っていかれる可能性もあるので怖い。同行した日本人スタッフは「シャワーとか仮眠なんて、無理ですよ」とあきらめていました。

でも、ボクはやる前からあきらめたくなかったのです。当たってくだけろの精神で交渉だけでもしてみようかなぁ、言うだけ言ってみようと思いました。

ボクは決意してホテルのフロントに行きました。もしかしたら、目が血走っていたかもしれません。

「部屋を取りたいんだけど。シャワーを浴びて仮眠したいんだ」

と英語で話してみました。

すると「パスポートを出せ」と言ってきました。つっけんどんな対応です。面倒くさい感じで、あからさまに「迷惑なんだよな」という顔をするフロントの係員でした。30歳くらいの男性で中肉中背です。「ふんっ」と鼻を鳴らして、いかにも感じが悪い表情でした。しかし、見た感じ、ラテン系の顔立ちなのです。

〈おや!? もしかしてラテン系の人かな?〉

だとしたらイケるかもという期待を持ちました。

「どっから来たの?」と英語で話しかけられ、「コロンビア」と言ったら表情が一瞬変わったのです。

「何でコロンビアなの? スペイン語しゃべれる?」

「もちろん話せるよ」

とボクが返事すると、

「ホントに⁉」

と急に顔色が変わったのです。

「オレ、コロンビア人なんだよ」

「マジで？」

ボクも興奮して、コロンビアのローカルな話題で盛り上がりました。フロントの係員もめちゃくちゃ喜んでくれました。

最初は日本人の面倒な客が来たと思ったのでしょう。でも、話してみると、実は自分の故郷から来たことがわかったわけです。もしかしたら、フロントの係員は故郷を懐かしんで、家族に毎晩電話していたのかもしれません。ラテン系の人たちは家族思いの人が多いですから。

「ちょっと待って」

フロントの係員は、パソコンで空き室状況を調べてくれました。

「部屋、空いてるよ」

「え？　空いてるの？」

「入っていいよ」

「いいの？」

「大丈夫！」

追加料金もなしで、鍵を受け取れました。喜んで部屋へ向かおうとしたら、フロントの係員が今度はこんなことを言うのです。

「お腹空いてない？」

「え？　空いてる！」

「じゃあ、朝食食べていきなよ」

と朝食ビュッフェまでサービスしてくれました。

スペイン語が話せると、こんなことが起こるのです。世界中に仲間がいるような、不思議な感覚になりました。

サッカーの神様（ロベルト・バッジオ）とおしゃべりをした

サッカーの神様といえば、ブラジルのペレやアルゼンチンのマラドーナなど世界中にたくさんいます。しかし、ボクにとってのサッカーの神様は何といっても、イタリアのロベルト・バッジオです。

ロベルト・バッジオはサッカーのワールドカップに3回出場しています。１９９０年のイタリア大会、１９９４年のアメリカ大会、１９９８年のフランス大会です。なかでもアメリカ大会の決勝戦はドラマチックな試合でした。相手は強豪のブラジルです。ロベルト・バッジオは準決勝戦で右のふくらはぎを痛めてしまい、決勝戦への出場は無理だろうといわれていました。そんなボロボロの体でも、彼は強行出場したのです。

場所はロサンゼルスでした。晴れわたる炎天下で、選手たちは汗まみれでした。攻めのブラジル、守りのイタリアといわれ、どちらかというとブラジルが優勝するだろうというのが大方の予想でした。

試合は、前半0対0、後半も延長も0対0でした。そしてPKにもつれ込みます。決勝PKは大会史上初のこと。このPK戦で彼は外してしまうのです。イタリアが負け、ブラジルは4回目のワールドカップ制覇を達成しました。

ロベルト・バッジオの残した言葉が「PKを外すことができるのは、PKを蹴る勇気を持った者だけだ」です。素晴らしい選手です。まさに、ファンタジスタです。

ボクは、このロベルト・バッジオと2回会っています。

1回目は高校生のときです。ボクの通っている学園の創立者とバッジオが校舎の中を歩いていたのです。そして、サッカー部員と体育館で交流してくれたのです。

ボクは、サッカー部ではありませんでしたので、体育館の外をうろうろしていました。どんな人なんだろう、ひと目だけでも見てみたいという好奇心でいっぱいでした。

すると、ロベルト・バッジオが体育館から出てきたのです。玉のような汗をかいていました。高校生とサッカーするときも全力で取り組む人ですから、それはものすごい汗でした。ボクは勇気を出して汗をかいているバッジオにタオルを渡しました。

「ありがとう」と言って、彼はタオルを持って行ってしまいました。それだけですが、ものすごいインパクトがありました。

あとで聞いた話ですが、ロベルト・バッジオがサッカー部員と質問会をしたそうです。そこで、1人のサッカー部員が

「ボクはロベルト・バッジオみたいな世界で活躍するサッカー選手になりたいです。なれますか？」

と質問しました。

するとバッジオはこう答えたそうです。

「君はきっとなれるよ。いままで通り練習を続ければきっとなれる。将来、いろんな理由で練習ができなくなったり、あきらめようと思うことがあるかもしれない。それはたぶん、正当な理由だと思う。多くの人は正当な理由であきらめてしまう。そんなとき、今日の出会いを思い出してほしい。どんな理由であれ、決してあきらめないことだ。そうすれば、君はきっと世界的なサッカー選手になれる」

2回目は、大学4年生のときです。アルゼンチンにスペイン語の語学留学したあとでしたので、スペイン語がある程度話せるようになっていました。ボクの大学では当

時、世界の要人を招いて式典を行うイベントが毎月数回あったのです。有名なところではロシアのゴルバチョフ、南アフリカのマンデラ大統領、アメリカ公民権運動のローザ・パークスなどです。その一環としてロベルト・バッジオがボクの通う大学にやって来たのです。

基本的には学生が中心となって世界の要人を歓迎します。ボクはその歓迎会をオーガナイズする責任者で、ロベルト・バッジオのときもそうでした。

式典の前、控室にバッジオがいました。通訳はボクがしました。ボクは専門がスペイン語でイタリア語ではありませんが、スペイン語もイタリア語もかなり似た言語なので、何とか通じるものです。

「大学の印象は?」

とインタビュアーの学生が質問し、ボクが通訳すると、ロベルト・バッジオが答えます。

「素敵な大学ですね」

と答えてくれました。

「学生たちにメッセージをお願いします」

とお願いすると、こんなことを言ってくれました。

「夢は必ず叶う。目指す夢は、貫けば必ず叶う！　夢を持ち続けてください」

ロベルト・バッジオはカッコよかったです。20代のボクはロベルト・バッジオに憧れました。そして「何か夢を持とう、自分の人生を賭けるものを持ちたい」と思いました。

イギリス政府が勉強しろと言っている言語は？

ブリティッシュ・カウンシルというイギリスの公的機関が「将来、重要となる外国語トップ10」を発表しています。ブリティッシュ・カウンシルというのはイギリス政府が世界中で開いている語学スクールのことです。英語の普及が目的ですが、語学の研究もしています。その「将来、重要となる外国語トップ10」の1位がスペイン語なのです。

スペイン語は日本人にとってはあまり必要とされていませんが、欧米ではかなり重

第5章
世界で活躍できるスペイン語

要視されています。日本人が中国や東南アジアに工場を移転させるのと同じように、欧米人は人件費の安いスペイン語圏に行きます。スペイン語圏は、モノづくりの拠点として欧米人が求める場所であり、今後これらの国の経済が発展した際には、市場として需要のある場所となるわけです。中南米は資源も豊富ですから欧米企業がどんどん進出しています。欧米人はビジネス的にもスペイン語は必須だと考えています。

また、1位になった大きな理由の1つとして、アメリカのヒスパニック人口が増えていることがあります。現在約3000万人以上のスペイン語を話す人々がアメリカにいるといわれています。スペイン、北米・南米を合わせると、なんと4億人以上もいるのです。

アメリカの若者のあいだでは、ヒスパニック系のアメリカ人が歌うスペイン語の曲がクールだといわれています。**表5-1**に挙げた曲が特に人気のようです。インターネットで聞けるので、ぜひ検索してみてください。

アメリカ人が貧しい国の言語としてみていたスペイン語の印象が、いまでは変わりつつあります。あなたも、ぜひ認識を変えてみてください。世界はスペイン語に注目しているのです。

ちなみに、「将来、重要となる外国語トップ10」の2位はアラビア語です。2050年までに世界の宗教人口の割合が、キリスト教からイスラム教に取って代わるといわれているのが大きな理由です。

3位がフランス語。イギリスのエリザベス女王でさえフランス語でスピーチするといいますから、フランス語はイギリス人には重要な言葉のようです。

4位が中国語です。5位がドイツ語、6位がポルトガル語、7位がイタリア語、8位がロシア語、9位がトルコ語、そして10位が日本語です。欧米人にとって、日本語は世界で最も難解な言語のようですし、さほど必要性を感じていないようです。

表5-1　ヒスパニック系アメリカ人によるスペイン語の人気曲

Por qué te vas（ジャネット）
María（リッキー・マーティン）
Hijo de la Luna（メカノ）
Despacito（ルイス・フォンシ＆ダディー・ヤンキー）
Hasta Siempre（ナタリー・カルドーヌ）
Macarena（ロス・デル・リオ）
La Tortura（シャキーラ＆アレハンドロ・サンス）
Bailando（エンリケ・イグレシアス＆ヘンテ・デ・ソナ）
La Camisa Negra（フアネス）
Bamboleo（ジプシー・キングス）

第5章

世界で活躍できるスペイン語

ドイツ人と一緒にビールを飲んでみた

2019年の夏休み、ドイツへ家族旅行しました。義理の母が「死ぬまでに一度、ドイツに行ってみたい」というので、親孝行のつもりで連れて行きました。義母は東京に住む日本人です。ドイツに憧れがあったらしく、ミュンヘン、フランクフルト、ローテンブルグ、そしてラインの川下りをやりたかったそうです。念願が叶った義母はすごく喜んでいました。

ライン川を下っているとき「ドイツへ来たらビールでしょ」ということで、ボクは船の中でビールを注文しました。めちゃくちゃおいしかったです。ドイツには、エール酵母で醸造される「アルトビール」や「ケルシュ」「ヴァイツェン」といったタイプのビールがあります。ボクが飲んだのは、ラガー酵母で醸造される透き通ったスッキリとした苦みが特徴のピルスナータイプでした。

日本のビールもこのピルスナータイプが主流ですが、ボクがドイツで飲んだビールは全然違っていました。ホップが生み出す爽やかな苦みと香りがしっかりと自己主張していて、スウッと体に染み込んでいくような感じがしました。やっぱり本場は違います。

隣の席に座っていたドイツ人とビールを飲みながら話しました。ビールを飲むとドイツ人も陽気になるみたいで、スペイン語を話してくれたのです。ドイツではスペイン語を話せる人がけっこう多いようです。

「どこから来たの？」

とドイツ人がスペイン語で話してくれました。

「日本からで、コロンビアに住んでいる」

ボクはスペイン語で答えました。

日本人は、「外国語といえば英語」ですよね。ともすると「英語さえ覚えておけば世界で通用する」と思っていたりします。ひと昔前、ドイツとフランスを旅行したら英語が通じないということがよくありました。

ドイツでは小学2年生から高校生までに少なくとも外国語を1つ教わります。一番人気は英語です。さらに、第2・第3外国語を勉強することは当たり前で、隣国のフランス語とスペイン語が人気らしく、話せる人が多くなっているようです。

ドイツで人気の高い語学は意外にラテン語だといいます。ヨーロッパの歴史的な文献はほとんどがラテン語で書かれていますので、ラテン語を学ぶ人が多いのです。法律、医療、科学、言語学など高度な領域の学習をする場合、ラテン語は必須なのです。

しかも、ラテン語を学んでおけば、ドイツ語以外のヨーロッパ言語がすんなり理解できます。ほとんどのヨーロッパの言語はラテン語から派生していますから、ラテン語学習が役立つのです。

ラテンアメリカでは？

ポルトガル語のブラジル人女性と踊ってみた

ボクはブラジルへ何度も行っています。中南米の国際会議が年に1回行われていて、そこで通訳するのです。1週間くらい滞在します。ご存知の通り、ブラジルの公用語はポルトガル語です。その他の中南米の国はスペイン語です。会議には日本人も参加しますので、日本語も必要になります。

スピーチする人が日本人の場合は、日本語からポルトガル語、スペイン語に訳していきます。ただ、ポルトガル語とスペイン語は、そのままで十分会話できます。大阪弁と広島弁みたいな感じです。

最終日には打ち上げパーティーがあります。夕食会の参加者は１００人くらいです。最後は音楽がかかってみんなが踊り出します。日本から来た人たちも立ち上がって踊ります。

とにかく、ラテン系の人々はダンスが好きです。ラテンの音楽は男女がペアで踊るのが特徴です。

ボクも基本的なステップは習っているので多少は踊れます。日本では飲んだあとカラオケに行くのが一般的で、歌が上手だとモテるし盛り上がるでしょう。しかし、中南米では踊りがうまいとモテるのです。

ダンスでは男性がリードできなければモテません。下手な男性と踊るとつまらない、と女性たちはいいます。ダンスの習熟度で人気が決まるのです。

日本人にしてみれば中南米の音楽もダンスも、みな同じように見えますが、実はいろんな種類があります。

たとえばサルサ。キューバやプエルトリコなどカリブ海の音楽がベースとなって生まれた音楽です。1950年代にマンボ・ナンバー5が大ヒットし、マンボブームが巻き起こります。このマンボを継承し1970年代に誕生したのがサルサです。ちなみにサルサとはスペイン語で「ソース」という意味です。

このサルサから派生したものに「クラーベ」という音楽があります。クラベスという拍子木に似た2本の棒を叩き合わせて音を出す楽器で演奏するのが特徴です。

ドミニカ共和国発祥で「メレンゲ」というダンスもあります。2ビートの音楽に合わせて2ビートのステップを繰り返すのが特徴です。リズムに乗りやすくて踊りやすいダンスです。ドミニカには「バチャータ」という音楽もあります。こちらは4拍子です。

キューバ発祥のダンスには「ルンバ」があります。比較的ゆったりとしたリズムで踊ります。キューバ発祥には「チャチャチャ」というダンスもあります。

ブラジル生まれのダンスはもちろん「サンバ」。陽気でアップテンポなダンスです。灼熱の太陽と果てしなく続く打楽器のリズム、リオのカーニバルのイメージです。

スペインのイベリア半島で生まれたとされている「タンゴ」ですが、南米アルゼンチンで開花しました。女性は露出の多いセクシーなドレスを着て、男性とアクロバティックな技を繰り出して踊ります。アルゼンチンタンゴは情熱的です。

その他、中南米には「ジャイブ」「パソドブレ」といったダンスがありますが、実際は何のダンスかなんて気にしません。適当に踊るのです。楽しむことが一番です。

あるとき、ボクをダンスに誘ってくれたブラジル人がいました。20代、スタイル抜群のグラマーな女性です。ドキドキしました。ダンスですからボディタッチもちょこちょこあるわけです。妻子ある身としては、体がずっとくっついているのはちょっと罪悪感もあって、それがよけいに興奮をもたらしました。

「バモス・ダンサール（ポルトガル語で「踊りましょう」）」

と彼女はポルトガル語で話します。

ボクは

「バモス・ア・ダンサール（スペイン語で「踊りましょう」）」

と返します。

見てください。ほとんど同じですよね。通じるんです。「シー（はい）」は、スペイン語もポルトガル語も同じです。

ダンス後も、意気投合しておしゃべりしました。彼女も通訳なので、お互い共通の話題があって楽しい時間を過ごすことができました。

ペルーのマチュピチュでジョークを言ってみた

ペルーのマチュピチュへは、通訳の仕事で何度も行っています。日本の会社員たちが仕事でペルーに来たとき「わざわざペルーへ来たんだから、ついでにマチュピチュへ行こう」となるのです。そこで、通訳としてボクが行くわけです。現地のガイドがスペイン語で話すので、それを通訳するのがボクの仕事です。

マチュピチュは15世紀のインカ帝国の遺跡で、世界遺産に登録されています。標高2430メートルに位置するアンデス山脈のウルバンバ谷に沿った山の尾根にあります。「空中都市」「空中の楼閣」「インカの失われた都市」などといわれています。

山頂には神官の住居跡とみられる遺跡があり、山腹にはマチュピチュの太陽の神殿に対する月の神殿があります。アンデス文明は文字を持っていませんでしたから、何のために作られた都市なのか、いまだに解明されない多くの謎が残る遺跡なのです。

インカ帝国の首都だった「クスコ」という街があります。標高3000メートルを超えたアンデス山脈の中の街です。クスコの近くにボロイ駅があり、そこから列車で3時間かけてマチュピチュ駅に到着します。アンデス山脈の険しい崖ですから、ゆっくり走らなければならないので3時間もかかるのです。日本だと新幹線で3時間あれば東京から大阪まで行ってしまいます。

そして、そこからさらにバスで登ります。山の麓では切り立った崖しかありませんので、道は大きくZの字を書くようにジグザグになっています。ここには、「グッバイボーイ」といわれる少年がいます。帰るときの話ですが、ジグザグの道をバスが下がっていき、そこを男の子がまっすぐ降りてきて「グッバイ」と手を振っているのです。同じ子どもが毎回、道端に立って手を振るので、「あれ?」と不思議な気持ちになります。この男の子は名物でギャグのようになっています。そして、最後、麓に降りてきてチップをもらうわけです。

マチュピチュ駅にはレストランやカフェもありますので、降りてくると、日本人観光客はたいがい「おなかすいた」と言います。そこで、ボクが日本人観光客に、「〝おなかが痛い〟って言ってみてください」と耳元で囁きました。

素直に言われた通り、その日本人観光客は少年に言いました。すると、その少年は驚いて飛び跳ねたのです。それが面白くて、みんな爆笑です。

「おなかが痛い＝onakagaitai」と日本語で発音すると、スペイン語では「そこにウンコがある」という言葉になるのです。ちょっとしたいたずらをしてしまいました。ごめんなさい。

観光地でトラブルを処理した

ボクは観光ガイドの仕事を長年やっていました。旅行会社の添乗員は現地には来ませんので、ボクが添乗員の仕事もしなければいけません。

「右手に見えますのは、世界遺産の○○です」とバスガイドのようなことをしながら、ホテルや食事の手配をするわけです。

遺跡の歴史や概要を頭に入れながら、ホテルの係員と交渉したりします。そうなると旅行中に起こるトラブルの責任がすべてボクのところに来ます。

そこで起こった面白いエピソードをいくつかご紹介します。

1つ目は中南米に旅行する人はぜひ知っておいていただきたいことです。

日本ではトイレットペーパーを普通に流しますが、中南米では紙を流してはいけません。水圧が低いから詰まってしまうのです。たいがいのホテルにはトイレに「ただし書き」があります。しかし、日本人観光客はスペイン語が読めないので、知らずにトイレに紙を流してしまうのです。

実際に、こんな事件がありました。場所はカルタヘナです。カリブ海沿岸にあるコロンビアの北部の港町です。スペインの植民地時代のさまざまな歴史的建築物がユネスコの世界遺産に登録されており、観光客の多い観光都市です。

カルタヘナは映画『カリブの海賊』の舞台になった場所でもあります。金銀財宝や奴隷たちをここからスペインへ運んでいたわけです。スペインの海軍がそれらを護送する基地になっていました。そんな歴史のある風光明媚な街です。

ボクが案内した日本人観光客は、花のイベントに参加するために来た輸入業者の人々でした。ボクは通訳としてイベントに参加しました。

イベントも終了し、夜になってホッとひと息入れているときに、電話がかかってきたのです。相手は美人の女性社長でした。ホテルの部屋からボクに直接電話してきたのです。

「トイレから水があふれちゃった！」

女性社長は慌てています。半分泣きが入っていました。

「行きましょうか？」

とボクは言いました。

「見られたくないので、ホテルの人を呼んでちょうだい」

「何があったんですか？　どう説明すればいいですか？」

「トイレが逆流して出てきちゃった。直してほしいの」

女性社長は、もう泣き声でした。

ボクは動揺しないように落ち着いて話を聞きます。そこで、「もしや……」と思いました。

「トイレットペーパーを流しましたか？」

「ええ、流しましたよ。普通に流したら逆流してきたの」

当然、トイレットペーパーは流すものだと日本人なら思います。しかし……。

「中南米だと流したらダメなんですよ」

とボクは教えてあげました。

汚物が逆流して部屋にあふれてきたら、びっくりしますよね。日本だと考えられないことです。あなたも中南米に旅行するときは気をつけてください。


もう1つ、エピソードをお話しします。これは、ボク自身がとんだ災難に見舞われたお話です。

アマゾンといえばブラジルですが、実はコロンビア国土の3分の1はアマゾンなのです。アマゾンの観光スポットに「レティシア」という場所があります。アマゾン川の主要な港の1つで、コロンビアとブラジルとペルーの国境が交わる場所にあります。ブラジルと隣り合わせの国境の街で、川の向こう岸はペルーという位置関係です。川のクルーズが人気です。この地域にはピンク色のイルカがいて、神様のような扱いを受けています。もちろん、殺してはいけないし、乱暴に扱うことも禁止されています。このピンクのイルカを見るのが目的で観光客たちはやってきます。

その他、アナコンダという世界最大の蛇がいます。首に巻いて記念撮影ができ、「やりたい人はどうぞ」とスタッフが笑顔で呼びかけています。

基本はどのアナコンダもみなおとなしいのですが、日本人女性が首に巻いたとき、体じゅうグルグル巻きにされたことがあります。ボクは慌てました。女性は泣き出し、同行した観光客が騒ぎだすので、蛇も驚いてますます巻きつくわけです。大慌てでスタッフが横から押さえてくれるのですが、からまってなかなか外れませんでした。何とか収まったのでよかったなぁと、ボクは胸をなでおろしました。

問題はここからです。

「珍しいものを食べさせてくれ」という男性の観光客がいたのです。50代のおじさんでした。

「オレは行く先々で珍しいものを食べているんだ。それを探してくれ」

と言われました。観光ガイドはそういうこともしなければいけないのです。

そこで、ボクは現地の人たちに「珍しい食べ物はないか」と聞いて回りました。すると「あるよ」と返事が返ってきました。

「アマゾンの先住民が食べているもの」と持ってきたのが「モホホイ」です。カブトムシの幼虫のようなものです。それを生きたまま食べます。

さっそく、そのモホホイを注文しました。カゴの中に何十匹と、大きな芋虫のような幼虫がモゴモゴ動いているわけです。かなり気持ち悪いです。

先住民に食べるところを見せてもらいました。幼虫の頭だけが固くて体は柔らかいのです。木の中に入り込むために歯が丈夫にできています。頭をまず噛んで、それをペッと外へ出します。残りを彼らはポイっと口に放り込んで、おいしそうにムシャムシャと食べます。簡単そうです。

50代のおじさんは、先住民のマネをして何の躊躇もなく食べました。そして、食べ終わったあと、恐怖の言葉を言いました。

「坪田さんも食べなよ」

ええっ、マジで!? と思いました。

しかし、50代のおじさんは何度も勧めてきます。逃げられなくなったボクは意を決してモホホイを食べました。

幼虫のなかは液体です。溶いた卵みたいでした。それをチュウチュウ吸って皮も食べました。先住民のタンパク源になっているそうです。食べ物を持ち歩くと腐るけど、モホホイは生きたまま持ち歩くことができるので、腐らずに食べられる便利な食材だったのです。

マズくはなかったです。例えるなら、出汁巻き卵の焼く前の甘い汁を舐めた感じです。ドロドロのプリンといったほうがいいかもしれません。見た目がよくないし、生きているので、気持ち悪いだけです。50代のおじさんは「おいしい、おいしい」といくつも食べていました。

大変でしたが、いい思い出になることは間違いありません。以上、通訳受難編でした。

中南米で日本人がモテるわけ

中南米では、日本人はモテます。これは断言できます。ボク自身が中南米の各国を回ってみて何度も経験しましたから間違いありません。東洋人が歩いていると、まず中国人だと思われます。なにせ、中国人はいまや世界中にたくさんいますから。

中南米の人たちは、やや警戒心を持って話しかけてきます。

「中国から来たの？」

「いや、日本人だよ」

と言うと、急に態度が変わります。目を輝かせて、最近見た日本のアニメの話をしたり、ゲーム機の話で盛り上がったりします。

中南米の人たちにとって、日本は憧れの国なのです。先進国というイメージがありますし、子どものころ日本のアニメやマンガの世界に親しんでいた人が大勢います。街ではトヨタの車が走っていますし、ソニーの電化製品があふれています。日本は近未来の最先端の国というイメージがあるようです。

「いつか行ってみたいとみんな思っているんだ」

「日本人って礼儀正しいよね。大好き」

「日本ってどんなところ?」

などと言ってきます。

中南米には日本人の移民を多く受け入れた歴史があります。19世紀末~20世紀初頭のころです。当時、北米は移民を禁止していましたから、日本人移民はメキシコを目指しました。1万人以上がメキシコに渡ったそうですが、約10年で頓挫します。

次に目を向けたのがペルーでした。過酷な労働条件で多くの移民が亡くなったそうですが、1923年までに約2万人以上の出稼ぎ移民が渡ったといいます。ペルーから、ブラジル、ボリビア、チリ、アルゼンチンへと転住する者も多かったそうです。

ブラジルは1908年に移民が始まります。サンパウロ州政府との契約で実現した国策移民です。ブラジル移民が本格化したのはその後の1930年代前後です。毎年2万人が移住したといいます。

日本人移民たちは大変な苦労をしたと思います。歯を食いしばって働き、南米の地に永住していくわけです。そして、2世3世の時代になり、成功した日本人移民が各地で誕生していきます。ペルーのフジモリ元大統領はその代表格です。

南米で多くの日本人は成功しています。おかげで日本人にはお金持ちというイメージがあって、ラテン系の人々には日本人と聞くとどこかで尊敬の念があるようです。

日本人女性も「アジアンビューティー」と言われてモテます。黒髪のストレートに憧れる人も中南米には多いのです。実際、日本人女性が街を歩いていると、必ず次から次へと声をかけられます。日本の繁華街のようなキャッチセールスやスカウトではありません。純粋に友達になりたいという思いなのです。

通り過ぎぎわに聞こえるように「惚れた（メ・エナモレ）」と言われることがありま

す。「キレイだね（ボニータ）」と言われるのは日常茶飯事です。

とにかく、日本人女性は毎日誉め言葉を言われます。車が通るとき、クラクションを鳴らして手を振ってくれます。知り合いになると「食事しよう」「踊りに行こう」とガンガン誘われます。

ボクの知り合いに
「日本へ帰ると誰も声をかけてくれないので、すごく寂しい」

という女性もいたほどです。


来日する外国人は？

新宿思い出横丁で外国人とおしゃべりしてみた

新宿西口から青梅街道方面へ歩くと、昭和にタイムスリップしたような一画があります。約30m×約100mのスペースに焼き鳥屋など80店舗ほどが肩寄せあうように集合している場所です。かつては甲州街道から青梅街道までの間に300店舗もあったといわれます。それが「思い出横丁」、別名「しょんべん横丁」ともいいます。

実は、ここが外国人観光客の熱い視線を集めている観光スポットなのです。カメラを持って撮影している外国人がいっぱいいます。店の中も外国人観光客だらけです。カウンター8席しかないような小さな店ばかりですから、隣の人の肩が当たったりします。トイレに立つときは席をずらしてもらわなければいけません。そんな状況ですから、自然と隣席の人と会話することになります。

ある夏の日のことです。ボクは知り合いの作家と一緒に、思い出横丁に行き、初めて見る光景に感動しました。

「行きつけがあるので、そこで飲みましょう」

と誘われて小さな焼き鳥屋に入りました。

奥に日本人の男女が2人いて、その横に外国人観光客のカップル、手前が2席空いていたので、そこに座りました。入り口に4人がけのテーブルがあって、そこには女性たちが3人座っていました。

彼が「この店ね、ガリ酎がうまいんだよ」と勧めるのでそれを飲みました。酎ハイにお寿司に使うガリが入った飲み物です。彼は、陽気に隣の人たちと「乾杯!」と言ってグラスを重ねます。ボクも一緒に乾杯をしました。

そして彼は隣席の外国人観光客に話しかけるのです。「ナイスガイ・アンド・ナイスレディ」とか、「ヒューマン・イズ・オール・フレンド」とか、かなり無茶苦茶な英語でした。そして、「フロム・カントリー」と尋ねると、女性のほうが「コスタリカ」と答えたのです。

そこで、ボクが反応しました。コスタリカといえばカリブ海に面した国です。スペイン語圏です。

「ボクはコロンビアに住んでいます」

とスペイン語で話すと、コスタリカのカップルも大いに喜んで話が盛り上がりました。

コスタリカは常備軍を廃止した国として有名です。1949年に「常設的機関としての軍隊は禁止する」という憲法が施行されました。このことで軍事クーデターが起こらなくなったのです。当時、他のラテンアメリカの国々は軍隊によるクーデターが頻発していました。コスタリカは、他の国々とは別路線を選択したのです。53年には

「兵士の数だけ教師を！」とのスローガンを掲げ、軍事予算を教育費に回し教育国家に転換したのです。

1983年にはルイス・アルベルト・モンヘ大統領が「コスタリカの永世的、積極的、非武装的中立に関する大統領宣言」を行っています。「永世中立国」宣言です。さらに中米紛争の解決のために尽力したアリアス・サンチェス大統領が1987年にノーベル平和賞を受賞しています。コスタリカは、紛争の絶えない地域で平和を築いている奇跡のような国なのです。

そんなことを話すと、2人は大変喜んでくれました。

ちなみに、テーブル席に座っていた3人の女性は台湾から旅行に来ていたOLさんたちで、アメリカ系の銀行に勤めているそうです。彼女たちは英語を話していました。

新宿の「思い出横丁」は、英会話やスペイン語会話の生きたレッスンができる場所です。

オリンピック選手の通訳をした

ボクの運営するアカデミーの生徒と一緒に、2018年からずっとやっていることがあります。それはオリンピック選手の通訳です。生徒の中には、自分に自信がなくて、前向きに人生を歩めない人たちもいます。それが、オリンピック選手と心の交流をするうちに少しずつ変わっていくのです。

ボクたちが関わったオリンピック選手の中で、何といってもダントツで感動したのは、オスカル・フィゲロア選手です。コロンビアのウエイトリフティングの金メダリストです。

中南米は陽気な人が多いのですが、フィゲロア選手は寡黙な人でした。黙々と1人で練習するのです。心の中では熱いものを秘めている感じの人でした。

彼のニュース・インタビューの通訳をしたとき、

「日本は憧れの国だった。憧れの日本でもう一度、金メダルを取りたい」

とフィゲロア選手は答えていました。

フィゲロア選手が初めてオリンピックに出場したのは2004年のアテネオリンピックです。そのときは5位でした。2008年の北京では、ケガによる途中棄権です。医師の診断では重度の頸部ヘルニアでした。四肢マヒの恐れもあったそうです。恐怖と不安を乗り越えて手術し、血のにじむようなリハビリに耐え、2012年のロンドンに臨みました。

結果は銀メダル。フィゲロア選手はそれに満足することなく挑戦しますが、練習中に背中の激痛に見舞われます。手術し、懸命なリハビリの末、手術後半年でリオデジャネイロオリンピック2016の舞台に立ちます。そこで金メダルを獲得するのです。度重なるケガを乗り越え、決してあきらめない不屈の精神の持ち主がフィゲロア選手なのです。

日本政府がホストタウンという政策をしています。日本全国でオリンピックを盛り上げるために、世界の選手を日本各地に来てもらうというプロジェクトです。地域の小学校へ訪問したり、交流会を開催します。

ボクはフィゲロア選手の通訳として埼玉県加須市の市役所で市長さんを訪問し、小学校に行きました。子どもたちは目を輝かせてフィゲロア選手の話を聞いていました。

「夢は必ず叶う。あきらめないで」

というフィゲロア選手のメッセージは、子どもたちの胸に深く刻まれたと思います。

サッカーのコロンビア代表チームに、アカデミーのメンバーと一緒に通訳として同行したこともあります。広島で開催された日本代表との親善マッチです。コロンビアの選手たちは時差があってつらそうでした。当時、コロンビアはＦＩＦＡランキングで10位の強豪です。日本は28位ですから、かなりの格違いです。

選手たちは練習前まではおちゃらけていても、いざ練習がはじまるとしっかりします。南米の人たちの性格がよく出ていました。試合は２－０でコロンビアが勝ちました。

2018年11月リオオリンピック重量挙げ金メダリストのフィゲロア選手と

ちなみに、通訳として参加したアカデミーの女性が選手の間で人気になっていました。やはり、日本人女性はモテるのですね。

とにかく、ファンサービスが素晴らしいのです。試合後に汗がボタボタ落ちているなかでも笑顔でサインする姿は感動的でした。同行したアカデミーの生徒たちも目を輝かせていました。

「感化」という言葉があります。縁に触れて心が変化するという意味です。ポジティブな縁に触れるとポジティブな心になりますが、ネガティブな縁に触れるとネガティブな心になります。

オリンピック選手は最高にポジティブな縁です。生徒たちは、この最高のポジティブな縁に触れて自分に自信をつけていったようです。

南米人をヒロシマへ案内した

ボクのアカデミーの生徒たちは、スペイン語を学びながら実際に通訳の仕事もしています。未熟でもいいから仕事をすることがスペイン語上達の早道だからです。オリンピック選手の通訳もそうですが、それ以外でも仕事はたくさんあります。

２０１９年には2回ほどコロンビアのハベリアナ大学の大学院生一行を連れて日本各地を回りました。日本では大学院といえば、4年間大学へ行ったあとにもう少し勉強したい人が行くというイメージが定着していますが、海外では働いている人たちが行くのが大学院です。各企業の幹部候補生たちが大学院へ通っています。

彼らは、日本を視察するのが目的で来日します。日本の最先端の技術を学ぶのです。環境問題など、日本には世界でも先端的な分野がたくさんあります。川崎のゴミ処理工場の廃棄分別、熱の再利用、代替エネルギー、太陽光発電、風力発電、ソニーの本社見学、トヨタの工場見学などです。

その一環で、広島で平和思想を学ぶツアーがありました。コロンビアから来た彼らにとって広島は印象的だったようです。平和公園の広島平和記念資料館での平和講座。被爆者の遺族が語る2時間くらいの講座です。遺族らが体験を語ってくれ、それをボクたちが通訳します。

原爆が落ちたときの模様などは、通訳している人もみんな泣いていました。

１９４５年8月6日、午前8時15分、アメリカ軍が広島に世界で初めて核兵器「リトルボーイ」を実戦使用しました。突然、ピカッと光って、家が崩れました。多くの人が動けなくなり、助けてあげようとするのですが、火事の炎が迫ってくるので、逃げるしかありません。助けられなくてごめんねと言って逃げなければいけなかったのです。

「せめて、これを私の家族に渡してください」と言って渡された学生証が資料館に展示されていたりします。

当時は、劣悪な食糧事情から、中学生はいまの小学3、4年生ほどの体格しかありませんでした。市内では8000人以上の中学1、2年生が建物疎開（空襲による火災の延焼を防ぐため、建物を取り壊して空間をつくること）の作業に動員され、その8割に当たる6300人が原爆で亡くなったのです。

推定16万人が被爆から半年以内に亡くなっています。入所被爆者も含めると56万人が被爆したといわれています。熱傷により皮膚はケロイド状態になっていきます。ぐちゃぐちゃになった顔や頭、もぎ取れた腕や足など、資料館にはそうした写真がたくさん展示してあります。

核兵器の怖いところは、被爆者の苦しみがその後も続くことです。黒い雨や汚染された土壌や建築物、河川などの放射能で二次被爆してしまいます。広島では、原爆投下後の15時ころまで黒い雨が強く降り、郊外まで広範囲に放射能汚染をもたらしたといいます。

平和講座に参加した人たちは、みな戦争の悲惨さを痛感しました。ボクも平和のためにもっと貢献できるよう行動していこうと思いました。

戦争というのは、意見が食い違ったときに暴力で解決しようとする行為です。

「ここはオレたちの領土だ」

「いや、私たちの領土に決まってるじゃないか」

「何だと！」

「やるか？」

と戦争になるわけです。

「オレの言うことを聞かないとぶん殴るぞ！」

と言っているのと同じです。

何のために言葉があるのでしょうか？　対話するためではないでしょうか。なぜ対話で解決しようとせず、暴力と軍事力で脅したり屈服させたりするのでしょうか。それでは互いに殺し合う猛獣たちと同じです。

軍事力に頼らなくても世界は平和になる、とボクは信じています。世界の人々が友情を結ぶことができるはずです。対話すればいいのです。ボクは、平和の懸け橋になるような通訳や翻訳家を育成しようと思っています。

Columna

中南米おススメの料理

コロンビアの有名な食べ物「アヒアコ」をご紹介しましょう。首都ボゴタの郷土料理で、鶏肉とジャガイモを使ったクリームスープに近い食べ物です。

トウモロコシやアボガド、男爵いもとメークインの種類の違うじゃがいもを使います。煮崩れしやすい男爵いもは、鍋にたっぷり入れてドロドロに溶けるまで、煮崩れしにくいメークインは、いもの形をとどめて煮込みます。鶏肉は繊維に沿って手で割きます。男爵いもが溶けたら、生クリームを入れて塩コショウで味を調え、アボガドやパクチーなどを皿に盛って出来上がり。簡単です。日本人の舌にも合う料理です。

安倍総理や高円宮妃殿下がコロンビアを訪問したときも、この「アヒアコ」が出されました。どこの店でもある定番料理ですが、店によって微妙に味が違います。

アカデミーの生徒たちがコロンビアに来たときは、ボクの行きつけの店へ案内します。みんな「おいしい、おいしい」と大好評です。

アヒアコ

第6章

スペイン語圏の生き方はこんなに楽しい

子どもが生まれたときのベイビーシャワーとは？

スペイン語圏の人々は総じて楽天家です。もちろん人間ですから、24時間365日いつでもどこでも陽気で明るいとは限りません。しかし、落ち込むことはあっても、ラテンアメリカの人たちは立ち直りが早いのです。

ラテン系の人々の特徴をリストアップすると次の5つです。もちろん、みんながみんな、いつでもそうとは限りません。総じて、こんな特徴があるよという程度に読んでみてください。

①情熱的でロマンチスト

音楽にしてもダンスにしても、ラテン系は情熱的です。そして、いつも恋をしています。街で女性が1人で歩いていたら必ず声をかけてきます。

②自己主張が強い

男性よりも女性に多い特徴です。ファッションにしてもダンスにしても、女性たちは派手に自分を表現します。日本でもコスプレとか特別の日には自己主張していますが、ラテンの女性はもっと日常的に自己主張します。

③ 時間にとらわれない

時間の感覚が日本人とは大違いです。日本へやってきたラテン系の人たちが一様に驚くのは、時間通りに電車がやってくることです。1分1秒でもズレることなくやってくる交通機関はスペイン語圏にはないと思います。

④ 彫りが深くてスタイルがいい

ラテン系の人の顔立ちは鼻が高くて彫りが深いです。瞳もエキゾチックです。スタイルも素晴らしい人ばかりです。

⑤ 開放的

家の作りも、レストランの造作にしても開放的なものが好まれるようです。心も開放的な人が多いです。

コロンビアで生活してみて、ステキな風習だなと思ったことは「ベイビーシャワー」です。アメリカ発祥らしいのですが、日本にはこんな風習はありません。第二次世界大戦後のベビーブームのときに誕生したものだそうです。

ある日、妊娠している人のいる家へパーティーに誘われ、そこで初めて「ベイビーシャワー」というものを知りました。名前の由来は出産を控えた妊婦さんに「お祝いの気持ち」を「実用的なプレゼント」でシャワーのように浴びせていこうということらしいです。

パーティー自体は、軽食とケーキを楽しみ、あとは、いつものようにダンスというパターンでした。大切なのはプレゼントです。これから赤ん坊が生まれるわけですから、必要なものがたくさんあります。

事前にプレゼントを購入するお店が指定されていました。ボクがそこへ行って

「○○さんのベイビーシャワーで来ました」

と言うと、店主が満面の笑みを浮かべて、

「おお！　素晴らしい」

と言いながら「買い物リスト」を取り出すのです。赤ちゃんに必要な日用品が中心で、先に来た人が買ったものには線が引いてありました。ボクは、まだ線の引いてないものを購入して持っていけばいいわけです。

妊娠7カ月か8カ月目くらいになるとインビテーションカードが届き、プレゼント購入の指定のお店もちゃんと書いてあります。

コロンビアは人口が増えている国です。赤ちゃんを周囲の人々みんなで祝福する文化があるのも出生率増加の一役を担っていると思います。みんなで子どもが生まれることを祝福している、よき文化だなと思いました。

そもそもスペイン語圏の人々は、人間関係が最初から濃いように感じます。彼氏、彼女ができるといきなり家族に紹介しますし、土日は家族で過ごすものと決まっています。仕事のお付き合いは平日の夜だけです。友達や職場の仲間は金曜日の夜くらいのもので、土日に集まるとなったら家族も一緒が普通です。土日は、自分のためか、家族のために使う時間だという感覚が染みついているのだと思います。

現代の日本は人間関係が希薄になっています。「無縁社会」という言葉も広がっています。いま一度、日本人も考え直したほうがいいのかもしれません。

ラテンのお誕生日は盛大

あなたは自分の誕生日をどんなふうに過ごしていますか？　恋人や夫婦でレストランへ行きますか？　それとも家族でパーティーをしますか？

日本では子どものころはケーキを買ってきてもらって、プレゼントをもらいますが、大人になるとあまりしなくなります。ちょっと寂しいですよね。

ラテンでは、誕生日は1年で一番重要な日で、盛大に祝います。

ボクの40代の友人のケースをお話ししましょう。彼の誕生日にはオフィスでも誕生日を祝います。会社の中にくじ引きで決まった担当者がいて、「みんな驚くだろうなぁ」とワクワクしながら、飾りつけを考えてやります。もちろん、主役のデスクにもユニークなものがあふれて飾りつけされています。ケーキも特大のものが用意してあります。費用は従業員たちで負担するそうです。オフィスの掲示板に今月の誕生日とありますので、みんなその日になるとワクワクして出勤します。休憩時間などに歌をうたって、ケーキを切って食べるわけです。

家でも誕生日会をし、親族がみんな集まります。イトコ、叔父さん、姪っ子、甥っ子たちだけでなく、友人やその家族も集まります。20～30人は、すぐに集まるのです。人間関係が濃いから集まってくれるのか、単純にパーティーで騒ぎたいだけなのか、真相は定かではありませんが、とにかく、彼の誕生日をみんなで祝うわけです。

もちろん誕生日プレゼントをみんな持ってきます。彼はその場で1個1個開けて、いちいち感動します。大げさなリアクションを、1人ひとりやるのです。ギュッとハグして、「ありがとう」と大げさに喜びます。

子どもたちの誕生日会も盛大にやります。ボクの息子が幼稚園のとき、部屋の飾りつけや招待状、帰りに渡すプレゼントを準備しました。アニメのキャラグッズなどを揃えておき、その日は彼が主役になるのです。

親がいない子どもの場合も、誰かがやります。義務ではないのですが、必ずみんなやります。とにかく、常にお祝いをしているのがラテンの社会です。お祝いが好きで、毎日を楽しく過ごそうとしています。

自分が主役になる日があり、必要とされている。そんなふうに感じるだけで、自分を大事にできると思います。素晴らしい文化です。

誕生日以外にも、こじつけの日がいっぱいあります。「先生の日」「秘書の日」「従業員の日」「女性の日」とかがあり、その日はその人を大事にします。そんなふうに自分に光が当たる日がたくさんあるのです。

最後は必ず、夜中まで音楽がかかってダンスになります。近所迷惑で怒る人はいません。歌って、踊って、恋をする社会です。

結婚前に独身さよならパーティーがある

欧米では結婚が決まったら、男性同士、女性同士で「独身さよならパーティー」をします。中南米でも当然のように行われています。もちろんボクの住むコロンビアも。日本ではあまり聞いたことがありませんが、こちらでは当たり前の行事です。

よくあるのがストリッパーを呼ぶパーティーです。ストリッパーのダンスが終わったらキャバクラみたいなところへ繰り出します。独身時代にやっていたことを最後に楽しもうとするわけです。飲んだくれて朝帰りしますし、悪ふざけもします。

女性も同じです。男性のストリッパーを呼びますし、ストリップ劇場へ女性同士で行きます。コスプレした男性がいて、警察官、軍人、タキシードのカッコいい男たちが脱いでいくのです。女性たちも男性と同じように独身最後の夜を楽しみます。

ボクも何度か参加してみて、最高の思い出ができました。コロンビアの大学院に通っていたときの仲間でした。結婚式の前のパーティーです。

夜9時に、まずは行きつけのバーに集まって飲みます。主役は何をするか知らないでやってきます。企画は仲間が考えて実行します。

バーで全員集まったら、友人の家へ行こうとなります。そこでは準備がしてあり、電気をつけたら、ストリッパーの女性がいるわけです。真ん中に椅子があって、そこに主役を座らせます。いきなり音楽がかかって、挑発するような踊りがあり、参加者は大騒ぎ！

ショーが終わったら次はクラブへ行ってナンパです。サルサやサンバなどペアで踊る音楽が中心ですから、ダンスの相手を女性たちも探しています。声をかけて一緒に踊るのが普通です。

「おい、カウンターに座ってる彼女、イケてるぞ。お前のほう見てるじゃないか。声、かけてこいよ」

「大砲、ぶっ放して来い！」

「勇気出せ！」

みたいなことを言うわけです。

女性が一緒に踊ってくれたら、最高に盛り上がります。それを朝までやるのです。

面白いと思いました。人生そのものを楽しんでいるのです。そもそも人間は遊ぶために生まれてきたのだとボクは考えています。

仕事にしても、嫌々やっているわけではありません。盛大な誕生日会を企画したり、スキルアップのためのゲームを行ったり、遊び心をふんだんに取り入れています。プライベートも楽しんでいます。

もちろん、人生は楽しいことばかりではありません。ツライこともあれば、苦しい冬の時期もあるでしょう。しかし、そういうときには、家族や友人が心の支えになります。激励し相談に乗り、最後は歌って踊って嫌なことを忘れ、また一歩前進するのです。

ラテンの楽天主義の精神がそんな生き方を現実化しているのかもしれません。

仕事よりも夫婦や家族を大事にする

コロンビアで暮らしてみて一番驚いたのは、ラテンの人々の仕事に対する姿勢です。日本人だと最も時間をかけているのは「仕事」です。次が「家族」「自分の趣味」という順番ではないでしょうか。趣味と家族が入れ違っている人がいるかもしれませんが、夫婦の時間がほとんどないのが日本人です。

しかし、コロンビアの人たちが最も時間を使うのが「夫婦」なのです。次が「家族」、そして3番目が「仕事」です。

月曜から金曜のウィークデーは9時～5時に仕事、それ以外は何もしないというスタンスです。仕事は家族や夫婦のためにやっているのです。

職場にいても、1日5回くらい、奥さんからプライベートの電話が平気でかかってきます。しかもケータイではなく、会社の電話にかかってくるのです。

「お昼、何食べた?」

「いま、何してるの?」

そんな他愛のない会話を仕事中にしているのです。

ボクの会社にいる現地のコロンビア人がそれをやっていました。日本では信じられないことです。私用電話ですから。

ボクは、会社では私用電話禁止にしようと思いました。しかし、そうすると社員は猛烈に反発してきます。

メンターの知人に相談しました。

「毎日です。しょっちゅう私用電話をやっているんですよ」

と涙ながらにボクは訴えました。

するとメンターは半分笑いながら教えてくれました。

「文化の一部だからしょうがないよ」

納得できませんでしたので、はじめのうちはやはり、しつこく注意していました。現行犯逮捕です。しかし、

「みんなやってるじゃん」

と社員はひらき直ります。

やれやれ、と思いました。彼らは、自分を大事にしている人たちなのです。何歳に

なっても1人の人間として輝いていたい、何歳になっても恋愛していたい、ときめいていたい、と思っている人たちなのです。

言葉や態度で示さなければ伝わらない文化ですから、1日に5回も6回も電話で「愛してるよ」とやらなかったら、「私のことを大切にしてくれていない」となってしまい、よそへ行ってしまうのが中南米の文化なのです。不倫や離婚率が高いのも特徴です。

家族が助け合いますから、仕事がなくなっても生活に困ることはありません。そもそもそんなことでクヨクヨしない人たちなのです。

日本では「働き方改革」がなかなか進みません。政府が何年も前から大きな声で訴えていますが、ブラック企業は減るどころか増えているようです。野党は、最低賃金を引き上げることを主張していますが、そんなことで幸せな職場ができるとは思いません。最低賃金なんて企業の業績や利益率で決まるのに、それを政府がコントロールできるわけがないのです。日本の政治家はそんなトンチンカンな議論をしているのです。大事なのは、日本人の意識が変わっていかなければいけないと思うのですが、いかがでしょうか？

日本と似ている葬式

日本では、人が亡くなるとお通夜があり、告別式があり、火葬場へ行き、初七日までは家でお骨を祀り、それからお寺に納骨し、1周忌や2周忌と法事を執り行います。

キリスト教圏でもお通夜に似たものがあります。在日コロンビア大使館の職員で、ボクの親友でもあるコロンビア人のお母様が亡くなったときの話です。急遽、彼がボゴタに戻ってきました。連絡を受け、ボクもすぐにお通夜の会場に行き、彼と悲しみのひと時を共有させていただきました。

スペイン語では、お通夜は「Velorio／ベロリオ」といいます。前日の夜にベロリオをして、翌日、告別式をするという流れです。日本のように祭壇があり、棺桶があり、聖書を読んで祈りを捧げます。

ただ、日本のような儀式はありません。ボクが参加したベロリオは大きな斎場でした。その日はローソクを絶やさないで過ごします。遺体は棺桶に入っていて、その人を偲びます。参加者が花を贈ります。日本のように酒と食事はありません。時間になると神父がきてお祈りをみんなで捧げます。棺の周りに三々五々人が集まって雑談して時間を過ごします。服装も私服でＯＫ。ボクは黒いネクタイをしていきました。香典を持っていく文化はありません。

キリスト教や西洋のお通夜の起源をスペイン語で調べてみたところ、あんまり縁起のいい話ではないですが、文化として考えたときに非常に興味深いものがあります。

東洋のお通夜は、ブッダが亡くなったとき、弟子たちが集まって、夜通し亡くなったブッダを偲んで思い出話をしたのが起源です。

西洋のお通夜はもっとドライです。昔、錫と鉛を使った食器が使われていて、体に毒が溜まり、体が硬直することがよく起こっていました。軽度の場合は、すぐに動けるようになるのですが、死んだような状態になります。そして、死んだと思って葬儀をしてしまうことがあったそうです。死んだと思って埋葬したら、生き返って棺をドンドン叩いていたという事件が実際にあったそうです。

そこで、人が死んだとしても「もしかしたら死んでいないかもしれない」という考え方が広まり、自宅のテーブルの上に遺体を置いて、復活を待ち、数日置いていました。それが西洋のお通夜の起源です。

お通夜の翌日、本葬になります。教会に行ってミサをし、そこでお祈りをして、墓地へ行って土葬にします。日本のように火葬はしません。

コロンビアは葬式を2回します。何年かして掘り起こすのです。骨になっているので、骨壺に入れて、再度埋葬します。先住民のときからそういう文化があったそうです。

人が死んだら天国か地獄かどちらかに行くと考えられています。ミサをすると、神父さんが「神のもとへ行きました」と言い、遺族たちは安心するのです。死んだら終わりです。来世はないという考えです。だから悲しむのです。そういう哲学が文化や社会を作るのだなと思います。

日本は仏教の影響が根強くあります。無宗教だといいながらも、因果応報や罰が当たるとか、神社へのお参りとか、そうした精神風土があります。

西洋には因果という考えがありません。神が許してくれるかどうか、認めてくれるかどうか、神が中心なのです。

スペイン語で「シー、ディオス、キエレ」という言葉があります。

「もし、神が望めば」という意味です。この言葉が慣用句になっていて、何でも使います。たとえば「明日、お会いしましょう。もし、神が望めばね」という言い方をするのです。

どこか神頼みの他力本願的に感じますが、こうした西洋の精神的文化も知っておくといいでしょう。

1カ月くらい休む人々

ラテン系の人々はたっぷりと休暇を取ります。少なくとも1カ月は休みます。しかも、子どもをおいてバカンスへ行くのです。それが当然の権利だと思っています。日本では考えられないことです。

日本では1週間のお休みでも取るのが大変です。職場の人々に根回しして、上司に休暇願を提出しなければいけません。「帰ってきたら席がなくなっていたりしてね」などと嫌味なことを言う人がいるかもしれないし、陰で妬まれているかもしれません。

ボクの会社のコロンビア人のスタッフも1カ月くらい休暇を取ります。最初は嫌々認めていました。割り切るしかないのかなぁとあきらめていました。しかし、いまは、むしろ休んだほうがいいと思うようになりました。

海外では、日本のスタイルは効率が悪いと思われています。いまでも生産性に関しては、日本は先進国の中で最低です。長い時間働いているのに、儲けが少ないというのです。

欧米ではオンとオフをしっかりと使い分けています。ストレスも溜まらないし、仕事もはかどるし、集中してできるという利点があります。結果、長時間働いている人よりも生産性が高いというわけです。

時代は大きく変化しています。高度成長期の時代は、何を作れば売れるかということが明確にわかっていました。車ならばより速く、より燃費よく走る車が売れたのです。洗濯機や冷蔵庫やテレビなどは作れば売れたのですから、より短期間でよりたくさん作れるかが問われるわけです。

しかし、いまはモノが売れない時代です。何を作ればいいのかわかりません。不確実性の高い時代なのです。試行錯誤が求められ、物語やイメージ戦略が必要です。どんな物語を商品につければいいのか、どんなイメージ戦略でいけばいいのか、など考えることがたくさんあります。

つまり、アイデアの時代ということです。アイデアは会議室で浮かんでくるものではありません。24時間働いて出てくるものでもないでしょう。アイデアは、リラックスしたときに浮かんできます。たっぷりと休養を取って、のんびりビーチでお昼寝しているときに、フッと浮かんでくるのではないでしょうか。

日本人もこれからはロングバケーションを取ったほうがいいかもしれませんね。

毎月やっているお祭り

コロンビア人はお祭りが大好きです。1月〜12月まで毎月どこかでお祭りをしています。ここで、死ぬまでに1度は行ってみるべきコロンビアのお祭りを3つご紹介しましょう（図6-1）。

① 黒と白のお祭り

民族の違いと文化の多様性を祝うお祭りです。世界中から毎年大勢の人が集まりま

図6-1　コロンビアの地図

す。場所は、コロンビア南西に位置する「パスト」という街です。毎年12月28日～1月7日の期間に開催され、２００９年には、その重要性からユネスコの無形文化遺産に登録されました。

このカーニバルでとくに面白いのが、白人と黒人の両方を祝うために設けられた2日間があることです。初日は、全身を黒く塗るか黒い服を着るなど、とにかく黒くなって音楽に合わせて踊りまくります。

2日目は、化粧用パウダーや小麦粉、石鹸で全身を真っ白に覆います。相当な量の小麦粉が飛んでくるので、万全の対策で挑みます。道路は騒然とした光景が繰り広げられます。

その昔、白人のもとで黒人が奴隷になっていました。その黒人と白人が年に1回、無礼講で楽しもうというのがこのお祭りの由来だったみたいです。青森のねぶた祭のような大きな山車が出ます。そして色とりどりの衣装に身を包んで踊りまくる人々が街を練り歩きます。

②バランキージャのカーニバル

カラフルな衣装をまとった美女たちがオーケストラのリズムに合わせて踊りながら街をパレードするお祭りです。ブラジルのリオのカーニバルに似ています。

場所は南米コロンビアのカリブ海沿いの街、バランキージャです。

毎年2月の最終週～3月の第1週に行われます。リオデジャネイロに次ぐ、世界で2番目に大きなカーニバルといわれ、ユネスコの無形文化遺産にも登録されています。

4日間にわたるこのカーニバル中、地元民や観光客で埋め尽くされたバランキージャの街全体が、ダンスやパレードなどで沸騰します。伝統的な踊りや音楽を通して、コロンビアの民族の多様性を祝う、国内で最も重要なお祭りの1つです。南米3大カーニバルの1つにもなっています（他の2つは「リオのカーニバル」「ボリビアのオルーロのカーニバル」）。

カーニバルのクライマックスでは、花を投げ合います。起源は1903年にはじまった「花の戦い」。「武器ではなく花を！」と呼びかけて1000日戦争が終結したことを記念して行われているようです。先頭の山車ではカーニバルの女王が王子や王女をしたがえて観衆に花を投げ、踊りながらパレードします。平和を願う思いから生まれたお祭りです。

③ペトロニオ・アルバレス音楽祭

ペトロニオ・アルバレス音楽祭が開催されるのは、毎年8月のカリ市です。この音楽祭の名前は、ブエナベントゥラ近くのカスカハル島で、1914年に生まれた音楽家にちなんで付けられました。

4日間続く陽気な音楽祭には、コロンビア中からナンバー1の称号を得るために60以上の音楽隊が参加します。もちろん、ただ見て聞くだけではなく、音楽に合わせてみんなで踊るのがラテンスタイルです。

いかがですか？　ぜひ、あなたも参加してみてください。コロンビアにお越しのさいは、メールをください。「本書を読みました」とメールに一言添えていただけたら、読者特典として、スケジュールが合えばご案内させていただきます。

時間にルーズで時間にストレスがない社会

ラテン系の人々の最大の特徴が時間にルーズだということ。これは多くの人が認めていることです。


日本では仕事においては待ち合わせ場所に5分前に着いているのが当たり前です。

たとえば、朝9時集合となると日本人は8時半くらいから何人か待っていたりします。

日本人は早く来ることはあっても決して遅刻はしません。遅刻は厳しく叱られます。

「1分、1秒でも遅れたら電車は出てしまうんだよ！」

と上司に叱られた経験があなたにもあるのではありませんか？

しかし、ラテン系の人々にそんな感覚はありません。そんなことで叱る上司もいないのです。午後2時に待ち合わせとなると、午後2時に家を出る感じです。

時間に間に合わなかったら電車は出てしまうという発想すらありません。

そもそも電車じたいが平気で遅れます。電車が時間通りに来ることなどあり得ないのです。

言い訳も見事です。

「今日は、渋滞が激しくて遅れました」

と平気な顔をして言います。

待ち合わせ場所になかなか相手が来ないとき、ケータイをかけます。

「いまどこ？」

とボクが尋ねると、

「もうすぐ着く」

と必ず言います。いままで会ったほとんどの人がこう答えました。しかし、相手は、まだ家を出ていないのです。あり得ないですよね。

これに関してはいまだに認めたくないのですが、そういうものだと受け止めるしかないのです。イライラするとこちらにストレスが溜まってしまいますから。

それぞれの文化が違うのです。多様な人々が暮らす世界なのです。コロンビアには多様性を祝うお祭りがあります。価値観の違う人を日本人の価値観に当てはめようとするとストレスが溜まり、こちらがおかしくなってしまいます。

もちろん、ちゃんと時間を守る人もいます。会社で面接するときは、時間を守る人を採用します。

でも、考えようによっては幸せな生き方かもしれません。時間に縛られることがないのですから。働きたい時間に働き、帰りたい時間に帰る。友人と遊びたかったら、アポも入れずに家へ行き、家にいたら一緒に遊ぶし、いなかったら帰る。フラッと遊びに行ったら、たまたまパーティーをやっていたので飛び入りで参加する、そんな感じの生き方です。

ＡＩロボットが人間の代わりに仕事をしてくれるようになったら、もしかするとそういう世界が現実化するかもしれません。

楽観主義の人々の集まる世界

ストレスが原因でなる病気が注目されています。うつ病や不安障害だけでなく、片頭痛、緊張型頭痛、めまい、ぜんそく、アトピー性皮膚炎、高血圧、心臓病、胃痛、下痢、便秘、腰痛、更年期障害などたくさんあります。

かといって、ストレスをゼロにすることはできません。季節の変化による寒暖差にも人間はストレスを感じますし、電車に乗っただけでも、人と会うだけでもストレスを受けてしまうのですから。

では、どうすればいいのか？

スタンフォード大学のケリー・マクゴニガル博士は「ストレスは武器に変えることができる」と述べています。博士は1998年に米国で、3万人の成人を対象に調査しました。

「この1年間でどれくらいのストレスを感じましたか？」

「ストレスは健康に悪いと思いますか？」

この2つの質問をして、8年後に、3万人のうち誰が亡くなったかを調査したのです。

その結果、強度のストレスがある場合には、死亡リスクが43％も高まっていたことがわかりました。ただし、死亡リスクが高まったのは、強度のストレスを受けていた人の中でも「ストレスは健康に悪い」と考えていた人たちだけだったのです。

強度のストレスを受けていた人の中でも、「ストレスは健康に悪い」と思っていなかった人たちには、死亡リスクの上昇は見られませんでした。それどころか、このグループは調査をした人たちの中で最も死亡リスクが低かったのです。ストレスがほとんどない人たちよりも低い結果でした。

どんなストレス環境下にあっても、それをポジティブに認識している人は長生きするということです。この研究結果を見たとき、ボクはすぐにラテン系の人々のことを思い描きました。上司に叱られても、お客から苦情が来ても、彼らは陽気にダンスを踊って忘れてしまいます。根っからの楽天家なのです。

最近、「レジリエンス」という言葉をよく耳にします。レジリエンス研究の第一人者であるペンシルベニア大学ポジティブ心理学センターのカレン・ライビッチ博士は、レジリエンスとは「逆境から素早く立ち直り、成長する能力」と定義しています。日本では、打たれ強いこと、折れない心、心のしなやかさ、といった表現が使われることもあります。

ラテン系の人々はまさに「レジリエンス」を持ち合わせた人たちだといっても過言ではありません。これまで内紛や国境紛争、麻薬戦争、過度なインフレや経済危機を幾度も経験している彼らは「これまでにもっとひどい時代があったからね、こんなのは序の口さ」とよく言います。逆境を何度もくぐり抜けてきた人たちのたくましさがにじみ出ているセリフです。

だからこそ、パートナーや家族を大事にするのかもしれません。いざとなったら会社は助けてくれませんから。頼りになるのはパートナーと家族です。


とにかく、彼らにはネガティブな考えがありません。

「明日がある、まあ、いいっか。過ぎたことは過ぎたことだよね」

という発想なのです。

たとえば、交通事故をした場合「やっちゃったー」と思いますが、ラテン系の人々は絶対に自分の非を認めません。自分は悪くないから謝らないし、謝ると、自分が悪かったとなって裁判で負けると思っているのです。ボクの会社の従業員も決して謝らないですから、イラっときます。自己肯定が激しいのです。

日本では「つべこべ言うな、とりあえず謝れ」となり、ペコペコと頭を下げますが、彼らは絶対に頭を下げません。頭を下げること自体、自分の負けを認めたことになり、上下関係ができて対等ではなくなります。自分が正しくて反省しない、という人たちです。過去は振り返らない、現在しかない、毎日を楽しく生きたいと思っているのです。

キリスト教の文化に「懺悔」というものがあります。懺悔すると何でも許されるのです。「神が許してくれるよ」と神父さんが言えば、気持ちがスッキリします。因果がないから、悪い報いがないと考えているのかもしれません。

言葉を学ぶことは文化も一緒に学ぶことになります。レジリエンスの高い彼らの文化を学ぶことは、現代の日本社会において大いに利するところがあると思います。

第6章

スペイン語圏の生き方はこんなに楽しい

あとがき

最後までお読みいただきまして、ありがとうございます。

英語を学ぶ前にスペイン語を習得するほうが早いということを理解していただけたでしょうか。スペイン語もポルトガル語もイタリア語もフランス語も、ラテン語を起源とする言語ですから、スペイン語を習得すれば簡単にマルチリンガルになれるのです。外国語に対する苦手意識がなくなれば英語もスムーズに身につくはずです。

ボクのアカデミーに40代女性の生徒がいます。彼女は語学が全くできませんでした。でも、「人生を変えたい」と言ってボクのアカデミーに入学したのです。

「子どもが不登校で悩んでいて、自分が頑張っている姿を見せたら、学校へ行けるようになるんじゃないか」

と彼女はスペイン語の勉強をはじめました。

いまでは、スペイン語がバリバリ話せるようになり、ボクの紹介で通訳をしています。ある映画祭で賞を取ったコロンビアの映画監督と子役の通訳をするために、舞台挨拶の檀上に彼女も立ちました。その様子を写真で撮って子どもに見せたのです。すると、彼女の子どもに変化が出てきました。

「お母さん、スゴイね」

と、つぶやいたそうです。数カ月後、「学校へ行けるようになった」と報告がありました。


彼女の体験からわかるとおり、語学を通して自分自身が輝けると、周囲を照らす希望の光になれるのです。あなたがマルチリンガルとなることで、家族や社会から必要とされ、刺激にあふれる日々を送っていただけたら嬉しく思います。

ここまでお読みいただき「マルチリンガルになりたい」と思われた方も多

くいるかと思います。一方で「でも、スペイン語といっても、やったことないし、具体的にどうやって始めたらいいのだろう……」と考え込んでしまう方もいるかもしれません。

そこで、そんな人のために、最後にボクから「マルチリンガルへの最初の一歩」を踏み出せるプレゼントを差し上げたいと思います。

それは、秘蔵の動画講義で教える「5つの場面別に教える！　世界中の人との出会いで臆することなく堂々と挨拶をする方法」です。世界への扉、外国人とのファーストコンタクトで大事なのは「挨拶」です。

日本ではお辞儀をしますが、海外では人前で頭を下げる行為は「相手に負けを認める」こととなり、初対面から頭を下げる日本人は滑稽にしか見えません。海外の人とマルチリンガルとして堂々と渡り合うために、5つの場面でそれぞれ挨拶を使い分けられることが重要になります。

本来は受講料をお支払いいただいた方だけへの秘密の内容ですが、今回は

「語学で世界の扉を開きたい」というあなたの背中を押す思いで、ボクからプレゼントします。どれも基本ですが、重要な内容です。

受け取る方法は簡単です。

■秘蔵の動画講義で教える「5つの場面別に教える！　世界中の人との出会いで臆することなく堂々と挨拶をする方法」～完全無料プレゼント～

①次のURLかQRコードにアクセスする

(https://canyon-ex.jp/fx20333/OKL5Ob)

②普段使用しているメールアドレスを入力する

③30秒以内に動画コンテンツが無料で届く

このプレゼントだけでなく、その後もメルマガなどで、実際にスペイン語を身につけていくために必要なサポートをしていきます。

あなたに寂しい思いはさせません。語学をマスターするときは、道しるべとなる「先生」の存在があるかないかで、習得の速度が大きく変わることをボク自身が経験から実感しています。ボクも最高の先生のアドバイスと励ましがあって、短期間で語学をマスターできました。だからこそ、同じようにこれから語学を学びたい人の道を照らす存在になりたい、と思っています。

世界をもっと身近に感じて「スペイン語を使って外国人と交流することが楽しい！」と思える未来へと、あなたが一歩前に、足を踏み出されることを願っています。

最後に ～息子への最高のプレゼント～

やっと2冊目の本を出すことができました。この本は、最愛の息子である正輝に捧げたいと思います。

正輝は、難病と戦っています。10万人に1人しか発症しない1型糖尿病です。発病する原因も治療法も現代医学では解明されておらず「一生治らない病気」と医者に宣告されました。正輝は、当時3歳。そんな小さい子どもがこれからの長い人生、病気を背負って生きなければならない、と言われたときは、暗闇の中に突き落とされ、頭をハンマーで何度も殴られるような思いでした。

その日から、毎日2時間おきに血糖値を測り、それに合わせてインスリン注射をする日々が始まりました。そのたびに嫌がり、痛みで泣き叫ぶ息子に注射をしなければならない妻も一緒に泣いていました。

時を同じくして、自分の会社が経営難となり、多額の借金を背負ってしまいました。住んでいるコロンビアでは返済が難しく、家族で日本へ帰ることも一度は考えましたし、本当は大変な状況の息子のそばにいてあげたい気持ちでいっぱいでした。しかし、語学アカデミーを立ち上げ、家族をコロンビアへ残し、自分1人が日本へ数カ月に一度「出稼ぎ」に行く決意をしました。日本へ行けば、約1カ月家族と離れることになります。病気の息子を置いていくことは胸が張り裂けるような思いでした。

それから5年の歳月が経ちました。この間、1カ月のうち2週間は日本、2週間はコロンビアという生活を続けてきました。ありがたいことに、事業が大成功して借金も完済。中南米のオリンピック選手たちのスポンサーなど、社会貢献までできるようになりました。

息子もコロンビアで育ち、スペイン語はまさにネイティブ。日本語の基盤をつけさせたい、との思いで日本人学校へ通わせたことで、日本語も完璧。英語も学び、まさに子どもの時点でマルチリンガルです。ボクが大人になってから苦労して身につけた外国語を苦労せずにマスターしている姿を見ると、羨ましい、とすら思います。外国語に時間・お金・労力をかけなくてよいので、そのぶん別のことができるわけです。ボクよりもはるかに大きな未来をつかめるチャンスがあり、親としてよかったな、と思います。

その一方で、病気と戦うだけでなく、父親がそばにいない、という寂しい思いまでさせてしまった正輝には「本当に申し訳ない」という思いをずっと持ち続けていましたし、「父親として思ってくれていないのでは」という心配もありました。

ある日、そんな正輝の気持ちを確かめることができた出来事がありました。それは、正輝が通う日本人学校に新しい校長先生が日本から着任されたときのこと。その校長先生から「お父さんの本を買って、スペイン語を勉強してるんだよ」と、ボクの前書『スペイン語のすすめ』を見せてもらったというエピソードを息子がとても嬉しそうに話してくれたのです。妻がそのあと教えてくれたのですが、正輝は「1人でも多くの人をマルチリンガルに」という思いでボクが行う事業に誇りをもってくれていて、学校でもボクのことを「自慢のお父さん」と話しているというのです。

それを聞いたときには、涙が出ました。いままでの全ての努力が報われた、と思えた瞬間でした。

それで「いつかもう一度、息子が喜んでくれる本を書いて、彼に捧げよう」と思っていたところ、多くの方のご尽力を賜り、こうして2冊目の本を出すことができました。応援してくださった全ての方にこの場を借りて、深く感謝申し上げます。

そして、ボクと息子のここまでの数年間の「共戦譜」ともいえる本書が、最後まで読んでくださったあなたにとって、マルチリンガルの世界に羽ばたくきっかけとなることを心から願って、筆を置きます。

あなたといつか、世界のどこかで会えることを楽しみにしています。ありがとうございました。

2020年8月吉日

プレジデンシャルアカデミー校長　坪田充史

著者プロフィール

坪田充史（つぼた・あつし）

コロンビア・ハベリアナ大学国際関係学部大学院修士課程卒
一般社団法人ことばインターナショナル代表理事
プレジデンシャルアカデミー校長

安倍総理とコロンビア大統領の拡大首脳会議同時通訳（2014年）、高円宮妃殿下、各国大使、大臣などの通訳経験を生かし、語学の習得だけでなく、語学スキルを仕事にして世界で活躍する方法を教えるプレジデンシャルアカデミーを立ち上げる。その後、わずか3年で、日本全国はもちろん世界18カ国で5万人以上（スペイン語では日本一）の会員数に。
現在、各国大使館の信頼を得て、多岐にわたる事業を積極的に展開。日本と世界を結びつける事業の一方で、オリンピックをはじめとする国際イベントでの通訳の育成・輩出を行っている。

2020年東京オリンピック・パラリンピック：コロンビア、アルゼンチン選手のスポンサー
2020年東京オリンピック：日本政府内閣官房ホストタウンアドバイザー

◆ **メディア**
ラジオ：「歌でマスターする外国語」メインパーソナリティー

◆ **書籍実績**
『総理大臣の通訳が教える、日本人に一番なじむ外国語
スペイン語のすすめ』（IBCパブリッシング）

◆ **お問い合わせ先**
spanish.tsubota@gmail.com

こんにちは

言語	スペル	読み方
英語	Hello	ハロー
フランス語	Bonjour	ボンジュール
イタリア語	Ciao/Buongiorno	チャオ／ブォンジョルノ
ドイツ語	Guten Tag	グーテン ターク
スペイン語	Hola	オラ
ポルトガル語	Olá	オラ
ロシア語	Добрыйдень	ドーブリィ ヂェーニ
オランダ語	Goede dag/ Goede middag	フッデ ダッハ／ フッデ ミダッハ
ギリシャ語	Γεια σας	ヤ サス

ありがとう

言語	スペル	読み方
英語	Thank you	サンキュー
フランス語	Merci	メルシー
イタリア語	Grazie	グラッチェ
ドイツ語	Danke	ダンケ
スペイン語	Gracias	グラシアス
ポルトガル語	Obrigado	オブリガード
ロシア語	Спасибо	スパシーバ
オランダ語	dank u wel	ダンク ウェル
ギリシャ語	Σας ευχαριστώ	エフハリストー

ちょっと使えるスペイン語フレーズ集

日本語	スペイン語	読み方
おはよう	Buenos dias	ブエノス　ディアス
こんにちは	Buenas tardes	ブエナス　タルデス
こんばんは	Buenas noches	ブエナス　ノチェス
はじめまして	Mucho gusto	ムチョ　グスト
お願いします	Por favor	ポル　ファボール
ありがとう	Gracias	グラシアス
どういたしまして	De nada	デ　ナーダ
元気ですか?	¿Cómo está?	コモ　エスタ?
元気です	Muy bien.	ムイ　ビエン
美味しい	Delicioso	デリシオーソ
すごいいいね!	¡Chévere!	チェベレ

書籍コーディネーター　有限会社インプルーブ　小山睦男
編集協力　高橋フミアキ
装幀・組版　ごぼうデザイン事務所

総理大臣の通訳が教える！
マルチリンガルになるための“英語”最速マスター術

2020年 9月30日　第1刷発行
2020年11月20日　第4刷発行

著　者　坪田　充史
発行者　山中　洋二
発　行　合同フォレスト株式会社
郵便番号 101-0051
東京都千代田区神田神保町 1-44
電話 03（3291）5200　FAX 03（3294）3509
振替 00170-4-324578
ホームページ　https://www.godo-forest.co.jp
発　売　合同出版株式会社
郵便番号 101-0051
東京都千代田区神田神保町 1-44
電話 03（3294）3506　FAX 03（3294）3509
印刷・製本　株式会社シナノ

■落丁・乱丁の際はお取り換えいたします。

ISBN978-4-7726-6162-1　NDC830　188×130

合同フォレストSNS
合同フォレスト ホームページ
facebook　Instagram　Twitter　YouTube